大丈夫、絶対売れる！

成功哲学が教えてくれない弱った心の立て直し方

福地 恵士 著

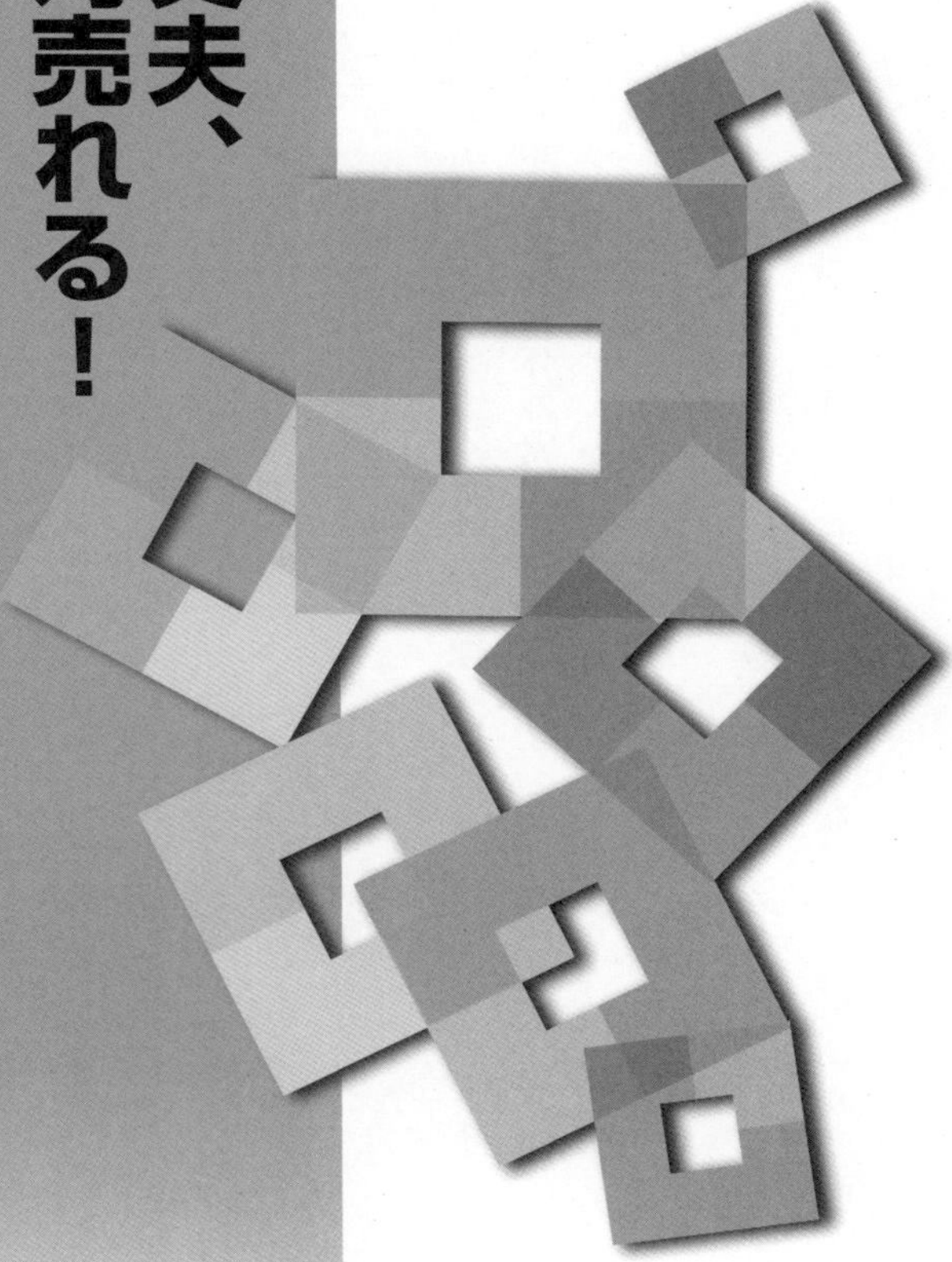

近代セールス社

はじめに

こんにちは、福地恵士です。今から21年前、生命保険業界に転職した私は、それまでのサラリーマン生活ではまったくうだつが上がらなかったにもかかわらず、一躍人生を大逆転することができました。

こんな私でもできたのだから、あなたができないわけがないのです。

本書では生命保険のセールスで成功するため、成功し続けるために一番大切なことについて書きました。

すでに大成功している方は、時間の無駄ですので読む必要がありません。この本は、大成功者であるあなたが毎日当たり前にやっていることや考えていることについて書いているからです。

この仕事が嫌いな方も読まないでください。嫌いな仕事では成功できません。

これ以上伸びたくない人、自分の成長を望まない方…以上の方はここから先は入場できません。

さて、ここからは、

・何としても成功したい人。成功するためなら勉強したい、努力したい…。でもその努力が持続しない、すぐあきらめてしまう。自分には根性がないのではないかと思う人

はじめに

・今まで散々成功本を買って読んだが成功しなかった人
・数十万円から百万円以上の成功プログラムを購入したが成功しなかった人
・色々な目標達成・モチベーション研修を受けて、その直後は元気が出たが、結局はセールスの成績には結びつかなかった人
・何事も成功するには素質・才能が必要であると思っている人
・自分には生命保険セールスで成功できる素質や才能がないと思う人

どうぞご入場ください。

今まで本を読んだり、研修を受けたりしてきたことは無駄ではありません。私自身もいろいろな研修や成功プログラムが役に立ちました。ですから10年以上欧米式成功プログラムを使ってセールス研修もしてきました。

しかし、満足する成果は出なかったのです。

目標設定プログラムやモチベーション研修だけではほとんどの人が成果は出ていません。何かが足りなかったのです。その何かを探し続けました。

10年目にしてようやくその足りないものが見つかりました。

その足りない何かを知り、誰でもできる方法で習得する授業を始めます。

目次

9　人はなぜ山に登るのか？……42
10　東大に受かるのに必要なのは能力ではない！……44
11　だからあなたは生まれながらにして強い……46

第2章　自分を知る

第3章　中村天風式心の強化法　百の理屈より一つの方法

目次

序章

欧米式成功哲学の限界

1 成功本を読んですぐに結果に結びつかないあなたへ

人生の成功のキーは目標設定にあり！
大きなワクワクするような夢を描きなさい。
その夢に日付を付けなさい。
それがあなたを成功に導く目標となる。
その目標を10回紙に書きなさい。
毎朝その紙を読んで目標達成すると声に出しなさい。
達成したときのイメージをカラーフィルムのように頭の中に描きなさい。
その日付までに達成する行動計画を立てなさい。
その行動計画を年⇓月⇓週⇓今日一日の目標に落とし込みなさい。
あとは、今日一日の行動計画を実行するのみ。
一日の成功の積み重ねがゴールにつながる。

⇓目標達成する。
⇓成功する。
⇓あとは同じことを毎日、毎週、毎月、毎年続ける。
⇓成功し続ける。

どの成功本と呼ばれるものも内容はほとんど一緒です。いわゆる欧米式成功哲学です。間違ってはいませんし、むしろ私は初めてこのプログラムに出会ったときは感動しました。あなたも散々読んでこられたでしょう？　でもこれだけで成功できれば、私が本を書く必要はありません。成功なんて誰でも簡単にできるはずです。しかし、ほとんどの人が成功プログラムも成功本も役に立たずブックオフ行きになります(笑)。

成功プログラムを売っている人も長期的に成功し続けている人は、私の知る限りほとんどいません。何かが足りないのです。とても大切なものが足りないのです。その大切なものを10年間探し続けました。

私自身はこの欧米式成功哲学を使って、会社の海外表彰基準を達成して家族と両親をハワイに連れて行く、ＭＤＲＴ会員になる、ホームシアターのある家を建てる…と次々と自分の夢を実現してきました。

なんですって？　私には、他の人より生命保険セールスマンとしての才能、素質があったからですって？

いいえ、大はずれです。小学校の成績はオール2からのスタート。自称「ドラえもんのいないのび太」と形容します。勉強できない、運動できない、エッチ？（笑）　3拍子揃って素質ありませんでした。

ジャイアンにいじめられ、スネ夫にいびられ、しずかちゃんの入浴中にどこでもドアで飛び込む？　いやいや、これはできませんでしたが（笑）。

小学校時代は毎日反省会のいけにえです。「福地君は忘れ物をしたのに先生に報告しませんでした」ならまだいい方で、しまいには、「福地君が回旋塔（子供の危険な遊具に指定され、今はどこの小学校にもない遊具）に乗ったら止まってしまいました」…これが反省会ネタですよ？　これって先生も含めたいじめでしたよ。でもドラえもんはいません。誰も助けてくれませんでした。

高校時代もいじめに遭い、サラリーマン時代はまったく出世できませんでした。同期の仲間が次々と課長だ、所長だと偉くなっていきましたが、私は10年間ヒラ社員で終わりました。これでも私にいわゆる「素質」があると言えますか？

しかし、生命保険セールスの世界は違いました。初めの2、3年こそ多少苦労もありましたが、おかげ様でサラリーマン時代では得られない桁違いの報酬と時間的な余裕、そして何よりも多くのお客様からの信頼をいただくことができました。

一方、私より優秀な大学、一流企業出身者で元課長、部長の肩書を持って大きな期待をされた方々が生命保険業界にたくさん入ってきました。しかし多くの人が悲しい敗退をしていきました。素質・才能だけでなく、すばらしい人脈もあったにもかかわらず、です。

「こんな私でも成功できたのに、どうして成果を出せないで敗退してしまうのか？　私が数多くのトップセールスから学んだ方法を一人でも多くの人に伝えよう。日本の生命保険セールスの常識を変えるのだ。そうすれば生命保険が変わる＝日本が変わる」

…この思いで2000年3月に生命保険トップセールス育成を目的に独立しました。私が成功者から学んだこと。欧米式成功哲学で習ったことすべてを研修の中でお伝えしてきました。

ところが、私のセミナーを受講してすぐに成果が上がる人はMDRT会員＝トップセールスだったのです。成功しかけている人、すでに売れている人は私の研修を受けてさらに高確率、高単価セールスになっていきました。

つまり成功プログラムやモチベーション研修を受けて結果の出る人は「成功し始めている人」、あるいは「すでに成功している人」なのです。残念なことにまったく売れていない人が大逆転できる確率はかなり低かったと言わざるを得ませんでした。

「今まったく売れていなくても頑張れば必ずトップセールスになれますよ」と必死の思いで研修をやって参りましたが、結果が出ません。そのことに10年目にしてようやく気づきました。

そこには、いわゆる成功本に書いてあるノウハウだけでは成功できない原因があったのです。

2 欧米式成功哲学がなぜ機能しないのか？

欧米式成功哲学が成功しないその原因とは何でしょうか？

そう、ほとんどの人に「夢」がないのです。

欧米式成功哲学の土台である「夢」がないのです。

わくわくするような夢が描けない人が今もたくさんいます。

夢という土台がないので欧米式成功哲学は総崩れです。

夢がない↓日付を付けようがない↓だから心の底から達成したい目標がない↓目標が明確でないから粘れない、頑張れない。

この負の連鎖で苦しむ人が多いのです。


なぜワクワクするような夢が描けないのだろう？

なぜもっと求めないのだろう？

なぜハングリーになれないんだろう？

なぜ積極的になれないんだろう？

そうです。欧米式成功哲学は、ハングリーな人、モチベーションの高い人、積極的な人にしか利きません。

多くのモチベーションセミナーもモチベーションの高い人のみ有効です。

心が折れてしまっている人。消極的な人、モチベーションの低い人。頑張ろうとしてもすぐあきらめてしまう人には、目標設定プログラムだけでは成功に導くことはできないのです。

つまり、欧米式成功哲学とは何事にも積極的になることが必要だと説くだけなのです。

イエス・キリストもこう言っています。

「求めよ、さらば与えられん。門を叩け、さらば開かれん。尋ねよ、さらば見出されん」

そうです。物事を成就するためには、与えられるのを待つのではなく、積極的に自ら進んで求める姿勢が大事だということをキリストさんも大昔から教えているのです。

3 生命保険セールスに特別な素質・才能が必要か？

ソニーの創設者、故盛田昭夫氏は、

「セールスとは売ることではなく、教え上手なこと」

と自らの体験を通じて定義しています。

ソニーがまだ東京通信工業であった頃、大逆転を目指してテープレコーダーの開発に着手しました。これが売れなければ会社は倒産です。

昭和26年、初代G型テープレコーダーは困難を乗り越えて完成しました。盛田氏は自らセールスマンになって重さ45キロ、価格が16万8000円（当時の公務員の初任給が6500円）という一号機を売りに歩いたのですが、まったく売れない。

ある日、骨董屋で20万円の壺が簡単に売れるのを見てショックを受けます。良いものを作れば売れると思っていたのに思惑は全く外れました。ところが、一見価値がなさそうな壺が目の前で売れたのです。

「そうか、お客様はあの壺の価値がわかっているのだ。ならば、テープレコーダーが生み出す価値をお客様に理解していただければ必ず売れる」

この経験で、盛田氏はセールスとは商品を売ることより、その商品が生み出す価値を伝えることだと悟るのです。

音が録れ、何回でも再生できる機械が生み出す価値とは？　例えば裁判所で速記者不足の解消に、学校では産休中の音楽の先生の代わりにピアノを再生。

商品とは、お客様の困っていること、要求する問題を解決する価値を提供するもの。

東京通信工業のテープレコーダーは問題解決の価値を次々と提供し、売れたのでした。

盛田氏も最初からセールスが得意ではなかったのです。しかし、何より好きな電子機器作りをビジネスにしたい。この大好きな仕事だからこそ、その後、盛田氏は世界一のセールスマンと言われるようになったのです。

何より盛田氏は積極的な精神の持ち主であったからこそ、大好きな仕事を成功させるために潜在能力を発揮することができたと言えましょう。

この仕事が好きで選んだ人。それだけであなたには、すでに十分な素質、才能があるのです。

人に会って皆さんにお役に立てる情報を伝えること。わかりにくい生命保険の仕組みについてわかりやすく教えてさしあげること。人に会うこと、話すこと、教えることが大好きなあなたには十分な素質・才能があると保証します。

「福地さん。やっぱり何をやるにも素質ってやつがあるんじゃないですかぁ。素質のないやつにいくら教えてもねえ。ＭＤＲＴ基準や海外表彰をクリアできるわけがないですよ」

こんなことを言う仲間もいました。もちろんこの彼らはトップセールスです。この意見には猛烈に反論しました。

生命保険セールスに特別な素質・才能がある人のみ成功できるなら、私は研修会社をやっている意味がありません。それなら素質・才能がある人を採用するセミナーをやったほうがいいです。

じゃあ生命保険セールス成功に必要な素質・才能って何でしょうか？

大変失礼ですが、ほとんどパートタイマー状態のおばさん、おじさん、おねえさん、おにいさんが、ある日突然ピカピカのトップセールスに変身するのです。この事実を証明できますか？

そうすると「やっぱり彼、彼女は素質があったんですよ。運がよかったんだ」と結果が出ると素質や運のせいにするのです。

私は断言します。

あなたには生命保険セールスとして大成功できる素質・才能は生まれながらに充分にあると。

そしてお金、時間、健康に恵まれ、素晴らしい人生を生きることができます。

人間に生まれた限り、ご自分の選んだ仕事で成功できる力が元々備わっているのです。

現在がうまくいっていないのはその力の存在がわからず、その力の使い方がわかっていないだけです。まるで、宝の箱があるのにその存在すら知らない、存在が分かっていても開ける鍵が見つからないのと同じです。

第1章

本物の成功を求める

1 カギは積極的な心

実は人は誰でも宝の山を持っています。にもかかわらず、手に入れられないのは、往々にして心の姿勢に問題があるからなのです。

キーワードは「積極的な心」。常に心を積極的に働かせれば、あなたは素晴らしい力を発揮できるのです。

ところが、知らず知らずのうちに心が消極的になってしまっている人が大変多いのは驚きます。その原因を突き止め、継続的に積極化して成功に導けば良いのですが、その具体的方法を教えている本やセミナーは私の知る限りほとんどありません。

私が営業研修を始めて10年目に運命の出会いがありました。明治時代が生んだ偉大な哲人、中村天風です。10年目から天風哲学を研修に導入したところ、効果はてきめん。失礼ながら、並み以下だった（?）私の受講生が次々と大逆転をしています。この業界に入って13年目で初めてＭＤＲＴ会員になった人もいます。いわば自分で自分の人生の主役に躍り出たのです。成功者の講演を聞く立場から成功者になって講演する立場に変わりました。

この本には、あなた自身が持つ大きな力に気づき、その力の発揮させる具体的な方法が書いてあります。

夢が描けないのは原因があるのです。その原因を取り払いましょう！

頑張れないのは根性がないからではないのです。自然に頑張れる心を作りましょう！

さあ、ワクワクするような大きな夢を描き、自分を人生の主役にし、今こそ人生を逆転させましょう！

※中村天風（なかむら　てんぷう　1876～1968）
日本が生んだ大哲人。天風会創始者。当時死病であった肺結核を抱え、強い心と健康を取り戻す方法を欧米に求めたが見つからず、最後はインドのヨガの大聖人に出会って奇跡の生還を果たした。この経験と自らの研究により、誰でも日常生活の中で健康と強い心を維持できる方法「心身統一法」を世に広め、92歳の生涯を閉じる。現在、公益財団法人天風会がその教えを継承。門下生に松下幸之助、稲盛和夫、永守重信等の著名な政財界人がいる。

2

あなたの正体は何だ？

まだご自分の力が信じられませんか？

まだご自分には成功する能力が他人よりないと思っていますか？

「そりゃ今全く売れてないんだからそのとおり能力がないんですよ」

そんな答えが聞こえてきそうですね。

それではお聞きしますがご自分には能力がない、限界だと思っているあなたはご自分の何パーセントを理解していますか？

えっ？　30％も知っているのですか？　すごいですね。

それではさらに変な質問します。

あなたとは何でしょうか？

今そこにいるあなたとは何でしょうか？

あなたの肉体があなたですか？

今、考えたり思ったりしている心があなたでしょうか？

あなたの肉体や心があなたのものなら、あなたが意識して肉体のすべてを自由にコントロールできるはずですよね。しかし、実際に自由にコントロールできるのは肉体のどの部分でしょうか？　手足、胴体、指、首、目、鼻、口、ある人は耳を動かせますね。

大切なあなたの心臓はいかがでしょうか？　胃腸は自由にコントロールできますか？

自分の肉体をコントロールできるのはほんの一部です。

あなたの心もあなたのものならば、自由になるはずですね。やりたいことや思っていることはすべて自由にできるはずです。自分の心に悩まされている人、近年心の病気に苦しむ方が多いのはなぜでしょうか？

もっと変な質問です。

あなたはどうして生きているのでしょうか？

あなたの肉体が生きているから生きている。間違いではありません。でも肉体だけで生きているのではありませんね。あなたの意志とは別に肉体が勝手に動いて食べ物を取りに行く？　これではゾンビですね。

ではあなたの心が生命のすべてでしょうか？　心だけで地球上で生きていられますか？

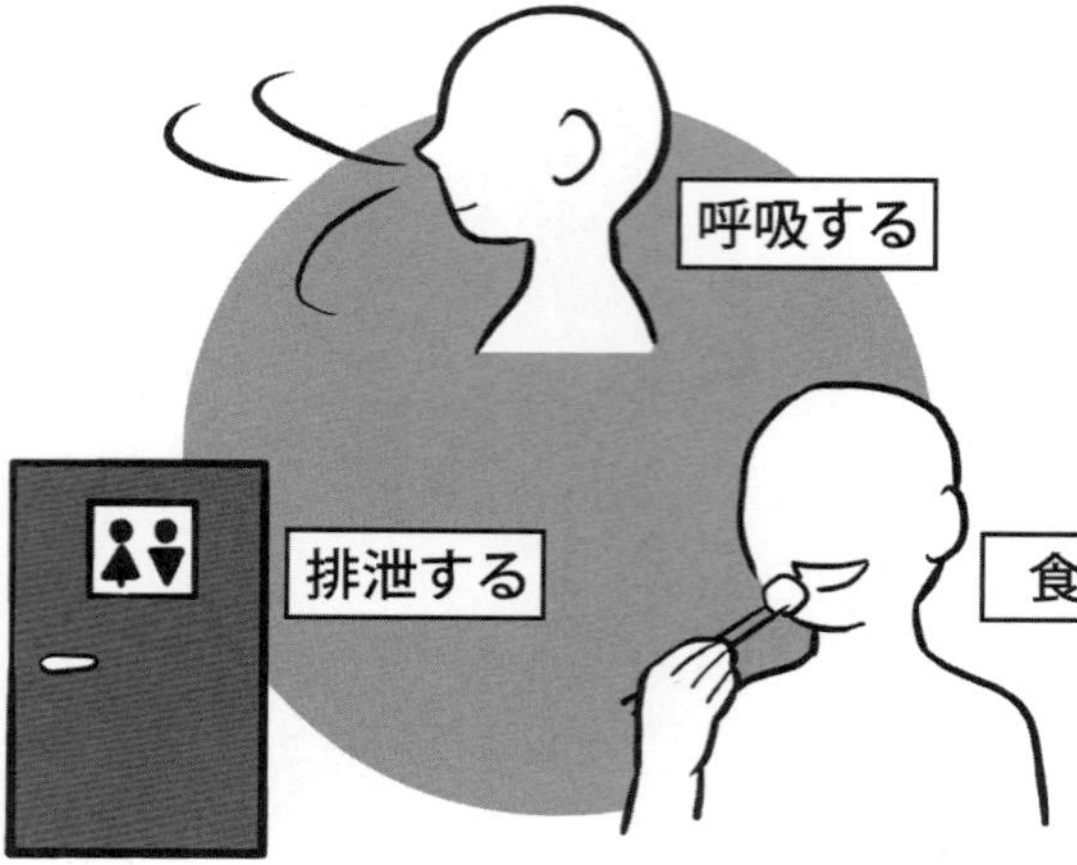

yesならば世の中は火の玉（?）で一杯なはずです。人間の命は、肉体だけでは生きていくことはできません。心だけでもだめです。肉体と心が一緒に働きあって命を燃やしているのです。つまり、生命とは大きく分けて二つあるということです。

肉体生命と精神生命＝心です。

肉体生命を生かすためには必要不可欠なことがあります。

呼吸をして心臓を動かして血液を循環させる。

食べ物を食べて消化吸収する。

排泄する。

非常におおまかですが、以上のことを行ってあなたの肉体生命は生きています。

肉体は心の操り人形だ

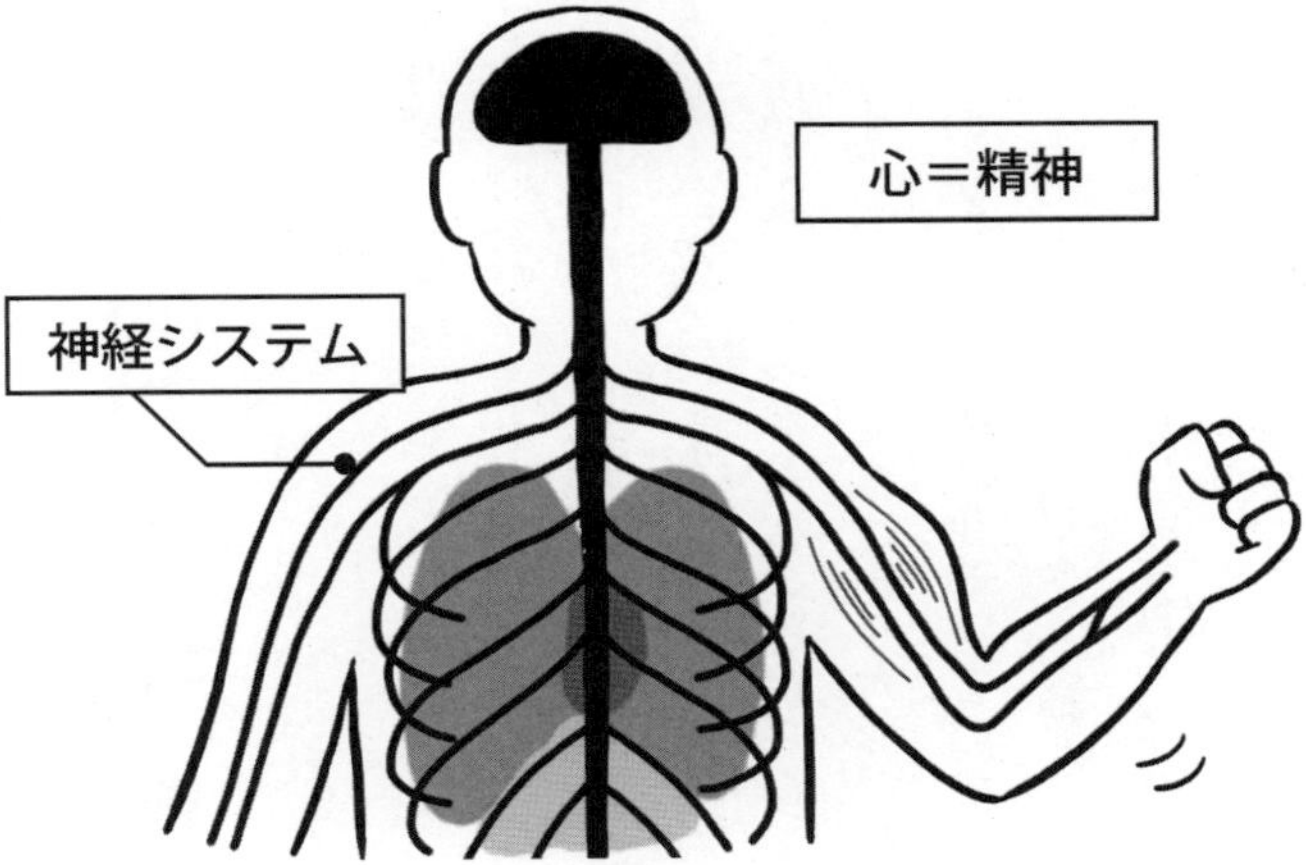

ではその心臓や他の臓器はなぜ動いているのでしょうか？

あなたが、意識して動かしていませんよね。そうです、自律神経が動かしているのです。では、自律神経はどうやって心臓やさまざまな臓器を働かせているのでしょうか？

脳の視床下部から自律神経に命令が行くからです。つまりすべての肉体をコントロールしているのは、あなたの心を作る臓器＝脳です。あなたの心が主人で臓器や筋肉は操り人形、その操り人形とご主人との間には神経という糸があり、つながっているということです。

3 心が主人で肉体は家来？

その証拠に、緊張すると血圧が上がったり、心臓の鼓動が早くなったりしますよね。いやなことがあったり、不安なことがあったりすると食欲は増進しますか？

「いや、俺はねぇ、心配事があると腹が減ってしょうがないんだよ」

こういう人は異常です。日本を代表する精神科のお医者さんをご紹介いたしましょう。

普通は、いやなことや不安なことがあると食欲は減退するのです。心が主人で神経システムが糸、そして肉体や臓器は操り人形だといえるのはこういう現象から理解できますね。

もし、あなたが心臓や消化器官をいつも意識して働かせていたら？

「さあ、走ったよ！　心臓よ、鼓動を早くしてくれ」

「さあ、栄養のある肉や魚を飲み込んだよ。さあ、胃液を出せ、次は小腸へ行け。しっかり消化吸収してくれ」

いちいち意識して命令しなければ臓器が働かないのなら、生きていくだけで精いっぱいです。

では、なぜあなたは意識していないのに脳から自律神経に命令が行くのでしょうか？

自分で意識できない意識領域の働きがあるのです。これを「潜在意識」といいます。自分で意識できる意識領域を「実在意識」とか「顕在意識」といいます。

意識しなくてもちゃんとあなたは今日も生きている。潜在意識が絶妙な働きをしてあなたの命を生かしてくれている。なぜ？　不思議でしょ？　心と体について、ここまで来ると学者や医者でも完全にはわかっていないのです。

実は潜在意識にこそあなたの隠された宝の山＝「潜在能力」があるのです。この領域は広くて深いのです。しかし、あなたが意識できる実在意識領では、潜在意識を意識できません。

本当は自分のことがほとんど分かっていないことがわかります。自分のことをよくわかっていないのに、あなたが分かっているほんの一部の意識で能力の限界を決めてしまうのはナンセンスであることがわかりましたか？

4 あなたは強い！

人は生まれながらにして、弱いものか？　それとも強いものか？

生弱説を支持する先生方が多いのも事実です。

「人は元々弱いもの。だから自分自身に負けないように強く心に喝破して生きよう。自分に勝つことが人生に勝利することだ。弱い自分に義理立てするな！　心を強く、たくましく生きろ！」

モチベーション系や地獄系（？）研修の先生がよく使うフレーズで、なんかとても気合いが入るような気持ちがするでしょ？

でもこれって人生生きていく上で苦しい生き方だと思いませんか？

元々弱い⇩だから頑張れ！　⇩でも頑張ろうとしてもどうしても頑張れない⇩根性がない⇩もっと頑張れ？

皆頑張ろうとしています。でも多くの人はその頑張りが継続しない。頑張ろうとしても頑張れない人はどうすれば良いのでしょうか？　それでも頑張るんだ！　…これじゃあ問題の本質を解決することはできないのです。

中村天風は「人は生まれながらに強い。どんな運命や病気にも打ち克つことができる強い強い力の結晶だ」と断言しています。

なぜ人は元々強いのか？

天風哲学では、その根拠を宇宙の誕生から説いています。

宇宙といえばホーキング博士です。著書「宇宙への秘密の鍵」（ルーシー＆スティーブン・ホーキング著　岩崎書店刊）の中で宇宙の誕生と人間の生命の誕生について小学生でもわかるように説明しています。天風先生＋ホーキング博士でさらにわかりやすく解説しましょう。

5 宇宙の誕生、そして人間の誕生

今から140億年も前のこと。

これからのことは一瞬（＝約一秒の何億分の一より短い時間）で起こりました。

宇宙が生まれる前、我々には何も見えない、感じられない世界の中に、これもまた我々には理解できない見ることのできない超微粒子が充満していました。

その微粒子がお互いに引き付け合って、一気に集まっていきました。

それらが収縮してやがて熱を発し、光を出すようになります。

さらに収縮して、一気に爆発しました。これがいわゆる「ビッグバン」です。

我々のいる宇宙の誕生です。巨大な空間がエネルギーとともに広がっていきました。一番原始的な原子である水素原子等、さまざまな物質の元となるものを放出していきます。

宇宙の誕生

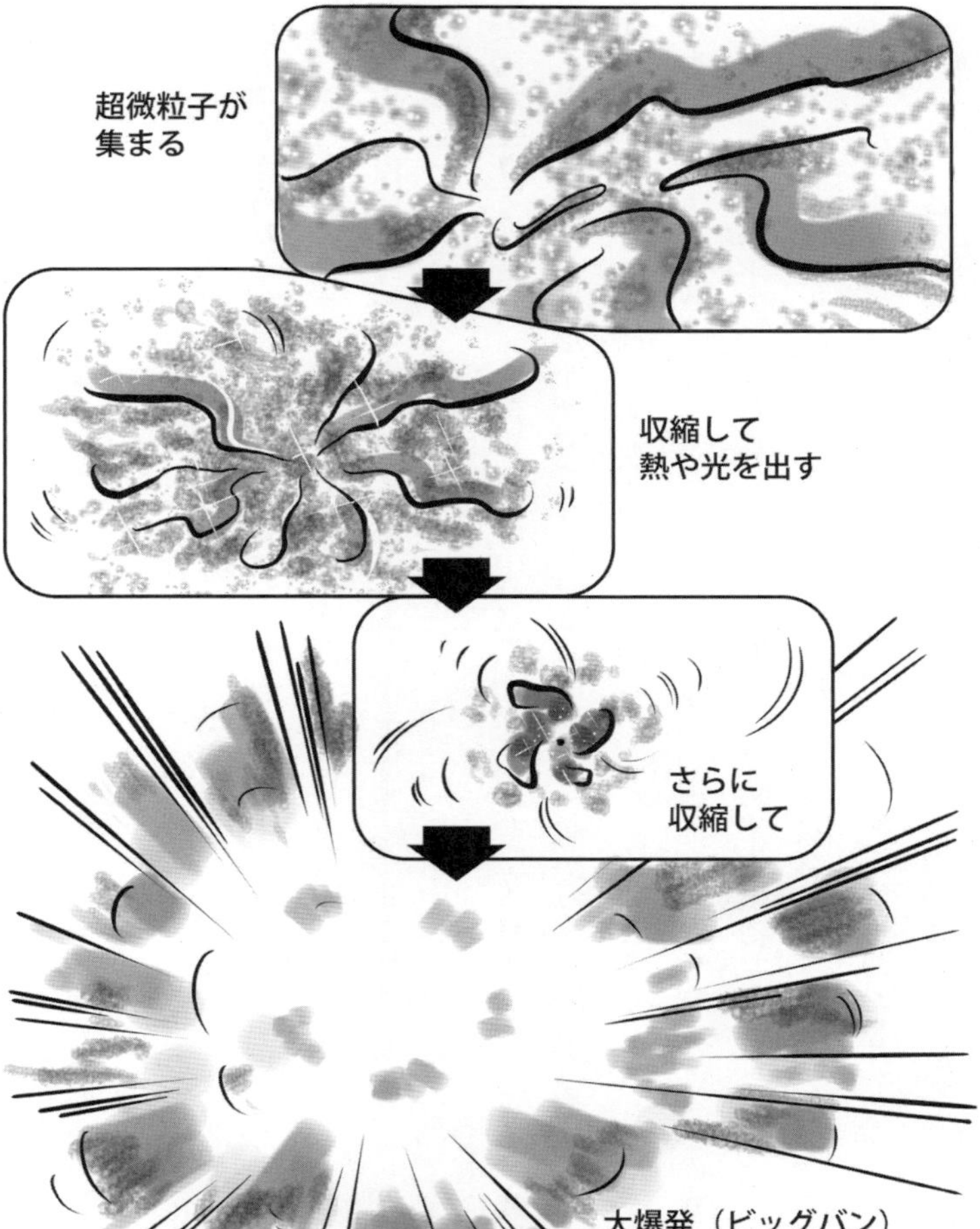

莫大なエネルギーを発した後、ビッグバンの中心に原始太陽が残りました。

原始太陽の中で水素原子が凝縮されエネルギーを発しながら溶けあったり繋がったりします（＝核融合）。

燃料である水素がなくなると、やがて原始太陽は大爆発を起こします。

原始太陽の中で作られたあらゆる元素はこの爆発で宇宙にまき散らされます。

まき散らされた元素やエネルギーがまた宇宙空間で引き付け合い、やがてまた星になる。

この繰り返しを宇宙は続けながら銀河を作り、太陽系を作り、そして地球ができました。


現在の太陽ができて50億年。生命は地球の中で進化し、人間が生まれました。つまり、我々人間は原始太陽の中で作られた元素でできているわけです。だから人間は宇宙そのものであり、無からあらゆるものを創造する宇宙の力そのものだということです。

宇宙は今も無から有を作り、進化・向上をしている。宇宙は、無から有を次々と作り出す力がある。人間はその宇宙で造られ、進化・発展・向上をする生物です。

人間は、アメーバから進化して幾多の天変地異・病原菌と戦って生きて、生き抜いてきたのです。あなたを生んだのはお父さんとお母さん、その両親を生んだおじいちゃんおばあちゃん――ちょっと30代前までさかのぼるだけで我々のご先祖様は何と10億7300万人もいるのです。平安時代のころです。これよりはるか昔から命を繋いであなたがいるわけです。栄養や衛生事情がはるかに悪い時代から生きて生き抜いてきた情報があなたの潜在意識に入っているのです。

ですから我々人間が弱いわけがないのです。

人間は宇宙から創造する力を得た偉大な生物なのです。

なぜ人間が元々強いのかという根拠はホーキング博士のビッグバン理論と天風哲学で説明すると以上のようになるわけです。

6 あなたは宇宙のパワーそのものだ

だからあなたも宇宙のパワーそのものの力を授かっているのです。人間だけが他の動物にはない無から有を為す力を持っているではないですか？　そうです。想像する力です。

現在我々の周りにあるもので、海とか山のような天然物以外はすべて我々人間が作り出したものばかりです。机、パソコン、電話、飛行機、ロケット、ありとあらゆるものを作り出してきました。元々は現実の世界にはなかったのです。人間の頭の中で想像し、現実の世界に生み出したものです。あなたは、想像したこと＝「夢」を実現するために生まれてきたのです。

ただし、人間の想像の力は自分の興味の湧くことのみに発揮されます。嫌いなこと、興味のないことにはその力をまったく発揮できません。自分の興味の湧くことに想像の力を発揮し、実現したときの映像を頭の中に描くとワクワクします。このワクワクパワーがあなたの夢＝成功の実現の原動力になるのです。

ですから、嫌いな仕事や興味のないことを無理やり頑張れと言われても頑張れないのは当たり前のことなのです。あなたの力が弱いのではないのです。あなたの大好きな仕事にこの宇宙から与えられた想像する力を発揮すればよいわけです。自分の好きなことには人間はいかに素晴らしい力を発揮できるか、それでは実例を見てみましょう。

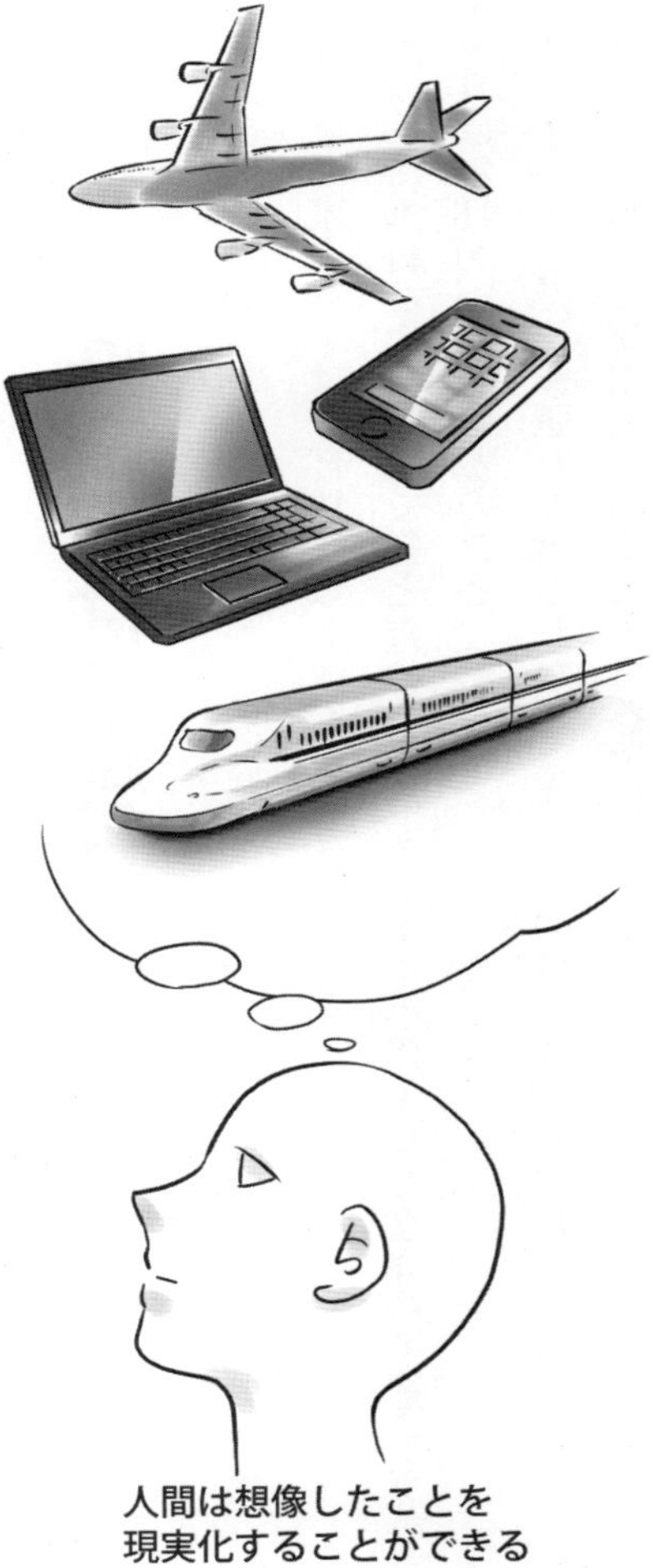

人間は想像したことを
現実化することができる

7 根性論では頑張れない

水泳の北島康介選手は毎日10㎞以上泳ぐと聞きます。マラソンで五輪2大会連続で銀と銅の2つのメダルを手に入れた有森裕子選手も試合前の1ヵ月は毎日30㎞走ったとのこと。

どうですか？　ただ頑張れと言われてできることではありませんね。北島選手も壮絶な努力家であることは尊敬に値しますが、何といっても泳ぐことが好きなのです。有森選手も基本的に走ることが大好き。そして彼らの頭の中にはいつも表彰台の一番高い所に上がった自分が見えます。その上には日章旗が揺れています。そこで金メダルを首にかけてもらうシーンが強烈に頭の中の映像に焼き付いているのです。これが想像の力です。

だから頑張れるのです。辛いときもあるでしょう。足や腰に故障があって思うように走れない、泳げない日が続くときもあったでしょう。でも頑張り続けられたのは、想像する力があったからです。困難も喜びに替わる瞬間、一番でゴールするシーン、さらにインタビューに答えるシーン。

「もう何にも言えねえ！」（北島康介）
「自分自身を褒めてあげたい」（有森裕子）

成功した姿を画像化する。頑張り続け、本来ある人間の強い力を引き出すポイントです。
もちろん私自身は水泳やマラソンの選手になって金メダルを取るという目標にはまったく興味がありません。自分には他にやりたいことがあるので、やらないだけです。その代わり、水泳やマラソンが大好きで、頑張る人を応援すればよいわけです。

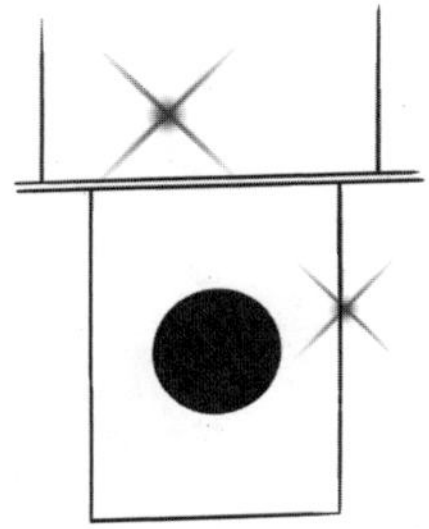

8
エジソンの頭の中の映像

発明王エジソンは電球の開発に5000回失敗したといいます。3000回失敗したとき、奥さんからも時間とお金の無駄だから止めるように言われます。でもエジソンは、「電球のフィラメントの候補は5000個ある。だから今、3000回成功に近づいたのだ。あと2000回チャレンジするうちに必ず輝き続けるフィラメントは見つかる。だから電球はできる」

と言ったそうです。

3000回の失敗ではなく、3000回成功に近づいた。あと2000回のチャレンジで成功する。何回失敗しても決してめげない、諦めなかったのもエジソンの想像する力です。

エジソンの頭の中にはいつもランプの光に代わる電球の光がいつも輝き続けていたのです。

エジソンの作り出した新しい電球の光が世の中の夜の生活をがらりと変えます。何日でも輝き続ける電球が新しい夜の団らんの一こまを作ります。危険な夜道は女性でも安心して通れるようになります。

きっとエジソンは頭の中にはいつも明るい夜の世界の映像が見えワクワクしていたに違いありません。

9 人はなぜ山に登るのか？

私の趣味は登山です。始めるまでは、何であんな苦労して危険な山に登るやつがいるのかと思っていましたが、好きになったら不思議なものです。

「人はなぜ山に登るのか？」「そこに山があるから」ではないのです。山の頂上に登りきった時の達成感、素晴らしい景色、山小屋で飲むビールのうまさを想像しながらワクワクしながら登っています。たとえ雨や雪が上から降りつけても、空気が薄くなってきたときのゼイゼイ、ハアハアも楽しみの一つになるから不思議です。

これってゴールがなければ山登りは地獄ですよ。いつまで登っても頂上がない山？　これではすぐ下山したくなります（笑）。

登山を下から考えて頑張るのではなくて、頂上の画像を想像してワクワク楽しく登る。

北穂高岳に登った時の著者

頑張るために登山をするのではないのです。楽しいから素人の私でも３０００ｍ級の山に登り続けることができるのです。

10 東大に受かるのに必要なのは能力ではない！

有名な予備校の校長が断言していました。

「東大合格に必要な能力は生徒みんなが持っている。その能力を発揮できるかできないかはイメージの差だけです。東大合格、その瞬間のシーンと、合格後自分がどうなっていくのか？　将来の具体的なイメージが頭の中に強烈にあるかどうかです」

この強烈な達成のワクワク感が4当5落（4時間睡眠は合格、5時間寝たら落ちる）という厳しい受験勉強を続けることができる原動力なのです。

あなたは東大に受かる能力がなかったのではなく、合格したときのイメージを想像しなかっただけです。

このことをもしかしてあなたも学生時代に知っていたら東大に行っていたかもしれませんね。

東大合格のワンシーンをイメージする

そうです。人間には素晴らしい力が備わっているのです。今うまくいっていない人はそのパワーの発揮の方法がわかっていないだけなのです。

偉大なパワーの発揮のしかたのポイントはずばり「頂上」＝「達成」のイメージなのです。

具体的なイメージの作り方や方法論は後の章で詳しく説明いたします。

11 だからあなたは生まれながらにして強い

人間の力を過小評価して、「人間は弱い——だから強く生きよう」と、弱い自分に叱咤し強く生きようと拍車をかける生き方は天風哲学では相対的積極と言っています。人間の力は偉大です。

自分の力を、今がうまくいっていないことを理由に過小評価していることがいかにもったいないことか気づきましたか？　もはや「人は元々弱いから頑張る」の対立はナンセンス。もともと自分が選んだ大好きな仕事なら成功できるように強い力が備わっている＝絶対積極の世界に旅立とうではありませんか。

では、その力をどうやって発揮できるのかという話に進みましょう。

第2章

自分を知る

1 あなたの命を乗りこなせ

前章の復習です。あなたの命とは、あなたの肉体だけで生存しているわけではありません。あなたの命を地球で生かすのに必要な乗り物が「肉体」と「心」です。

自動車も整備と点検を怠れば寿命が短くなりますね。肉体と心の構造を知ってメンテナンスをしながらうまく乗りこなしていく方法を知りましょう。

あなたの命を地球で生かすのに
必要な乗り物が肉体と心
2つが合わさってあなたの命を
最大限生かすことができる

2 あなたの心の構造

あなたの心は先ほども説明しましたように、実在意識領と潜在意識領という二つの部分に分かれています。

実在意識とは、五感があります。見る、聞く、嗅ぐ、食べておいしいとかまずいとかの味覚、そして寒い、暑いなどを感じる部分です。今考えたり思ったりしている意識の部分で、これが自分自身と思っているところです。アイデアを生み出すのも実在意識の分野です。

潜在意識には、五感がありません。あなたが意識できない心の分野で深く、広く、その力は強大です。

心理学の世界では、実在意識領は5％で潜在意識領は95％だそうです。つまり、あなたがあなた自身のすべてと思っていた領域はなんとあなたの心のたった5％に過ぎず、あなたが意識できない潜在意識領域は95%もあるということです。

多分あなたも私も自分の能力の5%も使っていないということかもしれません。5%も能力を発揮していないで、自分には能力がない、才能がないと嘆くのはナンセンスだと思いませんか?

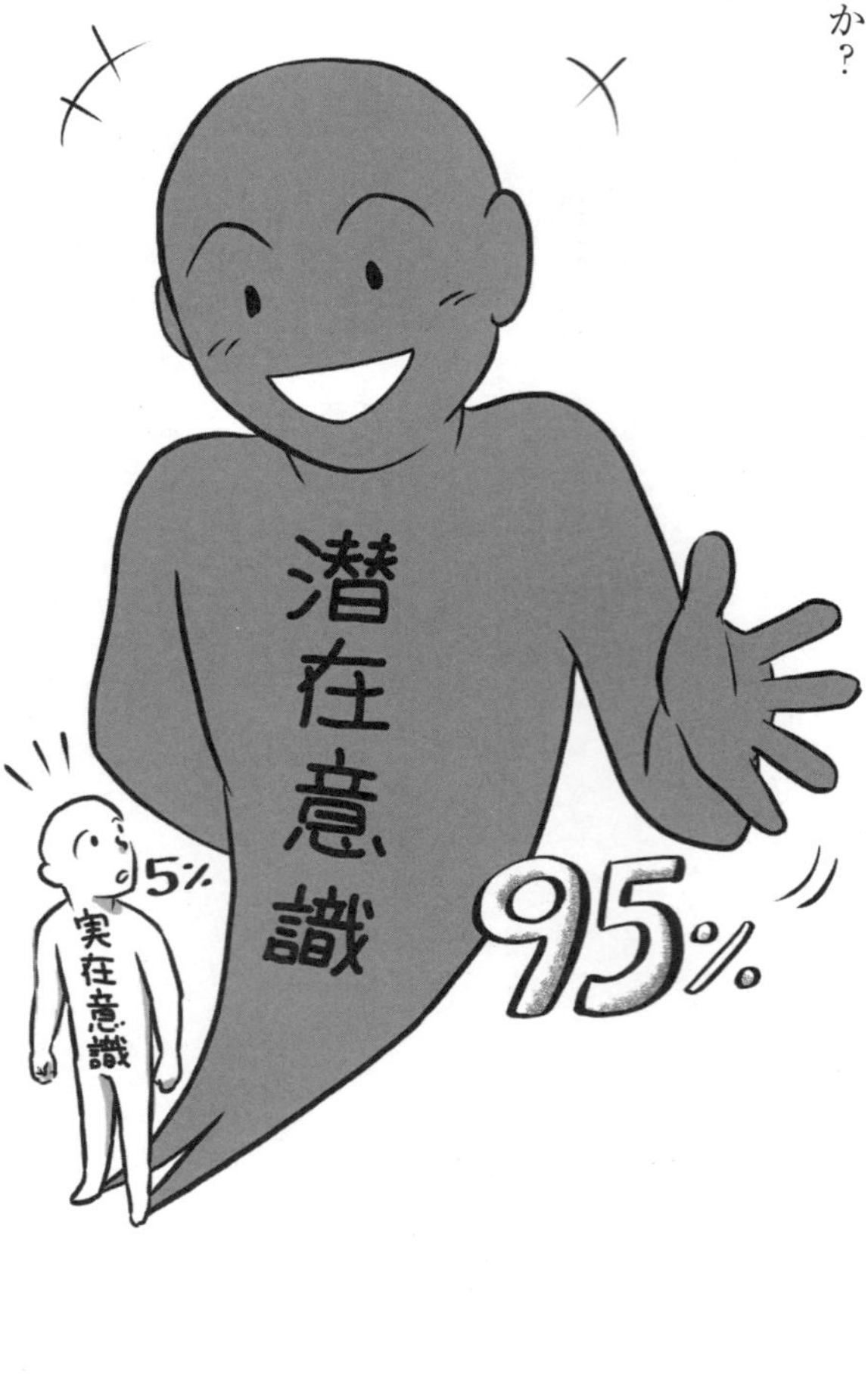

3 潜在意識の正体

あなたが、いちいち命令しなくても潜在意識は、あなたが生きていくために絶対に必要なことを常にやってくれています。

心臓を適切な拍数で鼓動させ血液を循環させる。あなたが食べた物を消化器官は、あなたが無意識なうちにちゃんと消化し、栄養分を吸収する。あなたが階段を急いで駆け上がれば自動的に脈拍数や呼吸数が多くなり、必要な酸素を体中に回してくれる。口、鼻、皮膚から病原菌が侵入すれば体温が上がり、病原菌を弱めてくれ、さらに免疫細胞が病原菌と闘ってやっつけてくれます。

潜在意識はあなたの気づかないところで、フル操業体制であなたを生かしてくれているところです。38億年前、原始生命から進化し、人間になるまでに生きて生き抜くためのノウハウがぎっしりと詰め込まれているところ、すなわち生きるための情報の倉庫でもあります。もちろん人間一人だけが生きていくのに必要なノウハウではありません。自分の家族、仲間がみんなで助け合って生き抜いてきた知恵、38億年分の生き抜いてきた英知が潜在意識に脈々と受け継がれています。ここからも人は生まれながらに強いと言えるのです。

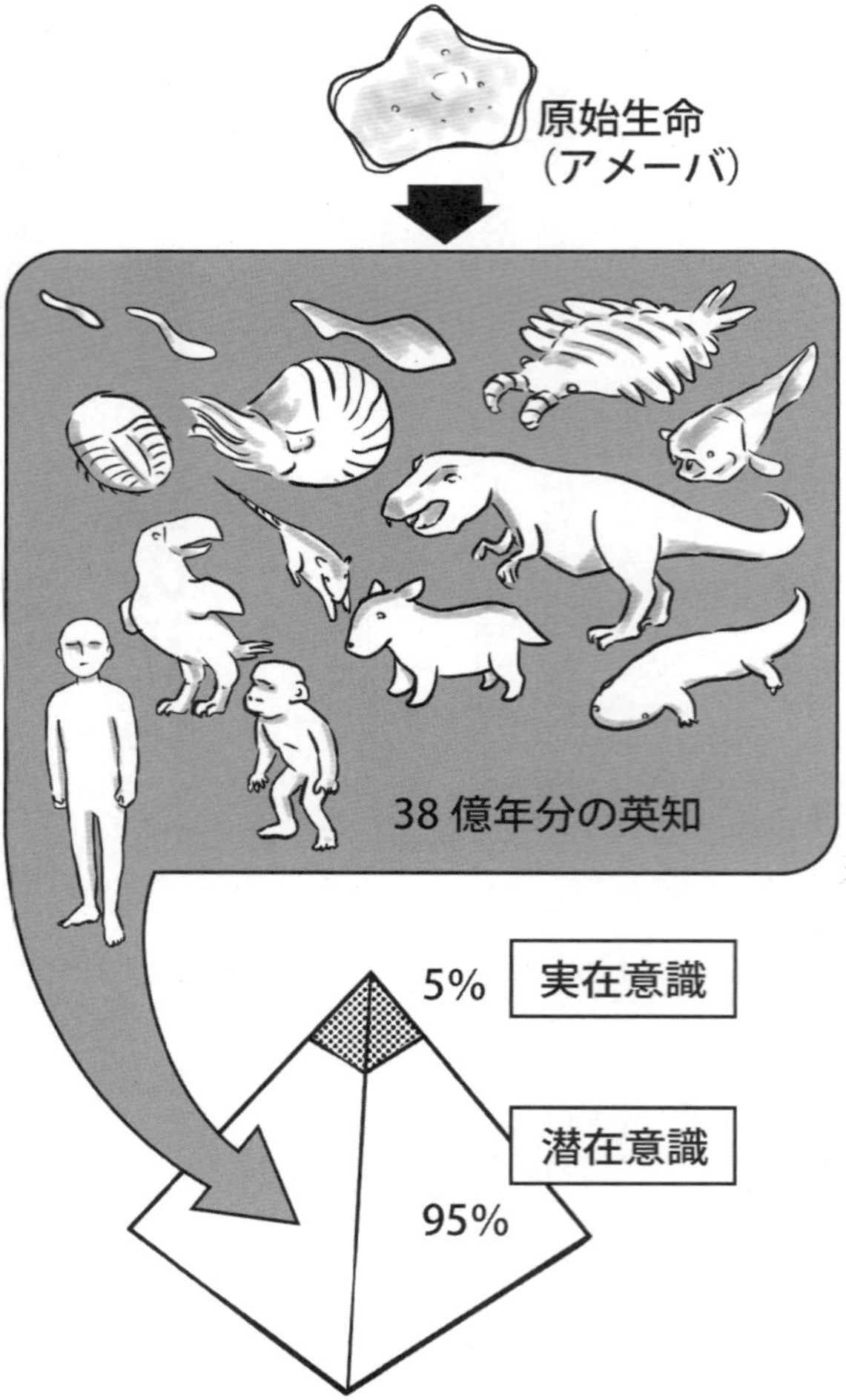

95%の潜在意識に脈々と受け継がれる

4 トップセールスはなぜいつもツイているのか？

トップセールスは、いつも良いお客様を見つけるのが得意のように見受けられます。いつもツイているようにも見えます。それは、実は潜在意識を味方にしているのです。潜在意識を味方にすると、自分があまり頑張らなくても周りの人からどんどん良いお客様を紹介していただけるようになるのです。

今、ご契約をいただいたお客様から、あなたが本当に信頼していただけると、お客様の潜在意識とあなたの潜在意識がコンタクトを始めます。38億年互いに仲間同士を助け支えて生きてきたＤＮＡがあなたを仲間、同志と認めると、どんどんお客様を紹介していただけるのです。

簡単にいえば、自分だと意識できる実在意識はご主人様で、潜在意識はあなたの命を守り、成功を手助けする強力な家来です。潜在意識は、ものすごく優秀な家来であるといえませんか？

5 あなたが頑張れない本当の理由

人は生まれながらに強い。ならばなぜ今あなたは成功していないのでしょうか？　なぜ、頑張ろうとしてもなかなか長続きできないのでしょうか？

その本当の理由は、家来である潜在意識を敵に回してしまっていることが原因です。潜在意識のパワーは圧倒的に強力です。一度敵にまわしてしまうと大変厄介なことになります。5対95の闘いです。実在意識のパワーはたった5％ですから勝ち目はないのです。レスリングなら、試合開始直後に即フォール負け、といった勝負を毎日繰り広げることになります。

本来、あなたの超有能な家来のはずの潜在意識がどうしてあなたの夢の実現を阻む敵になってしまったのでしょうか？

それは、情報の宝庫である潜在意識に消極的な情報がたくさん溜まりすぎているのです。過去に失敗した思い出ばかりではなく、両親、教師、友達等が言っていたネガティブな言

消極的な情報は無意識に潜在意識に入る

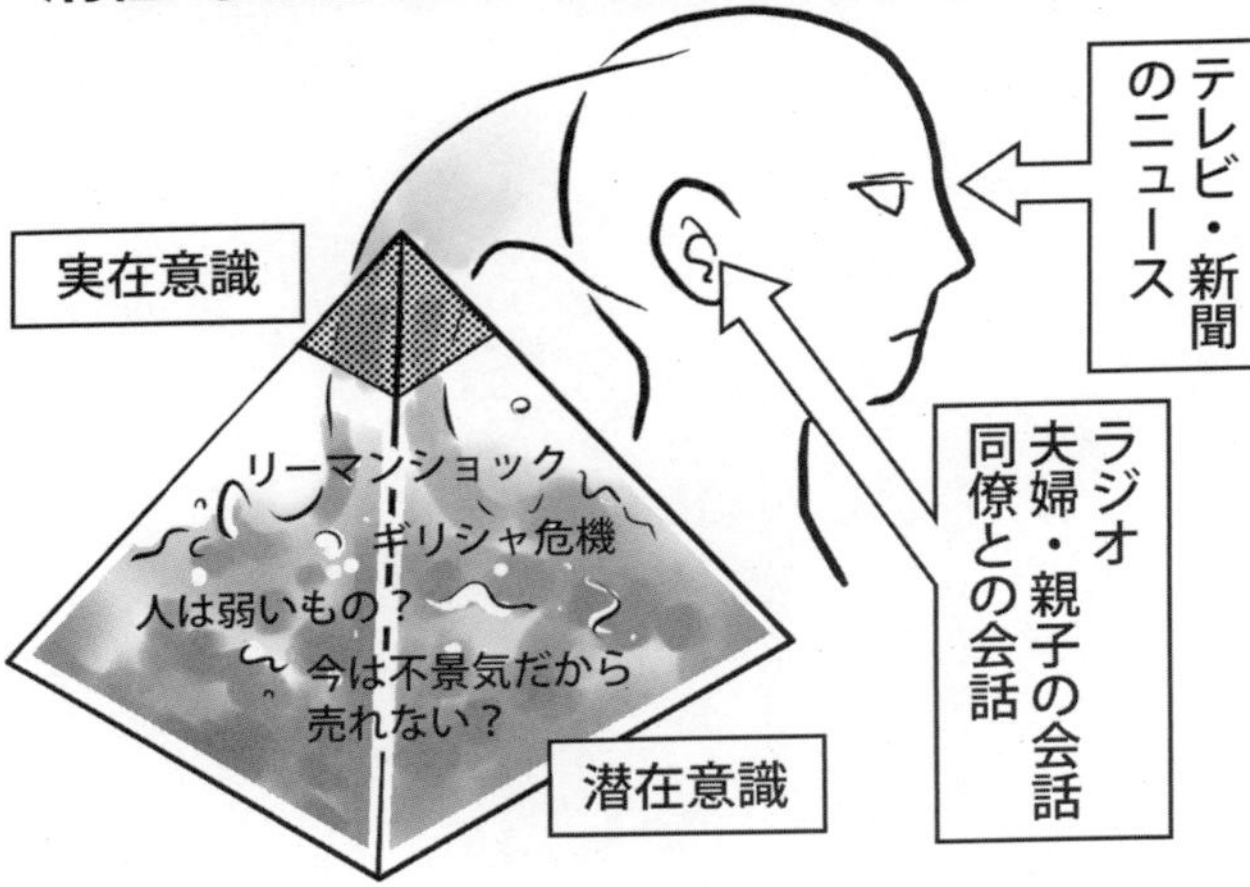

葉があなたの潜在意識に入り込んでいるのです。

「成功者などというものは、誰にでもなれるもんじゃない」

「イチローや松井選手は元々素質や才能が卓越していたからだ。この両親からの子供でそんなに偉くなれるわけがない」

「人は弱いもの。だから成功することは難しい」

などと、子供の頃から潜在意識に消極的な暗示をかけ続けているのです。

新聞・テレビ・ラジオ・その他のメディアの情報はどうでしょうか？　明るいニュースより悲惨なニュースの方が売れるそうです。東日本大震災で被災された方々には心より哀悼の意を表しますが、その後のニュースも前向きなものはほとんどありません。政府が悪い、会社が悪い、自治体が悪い。ほとんどがネガティブな情報ではないでしょうか？

会社の同僚との会話、夫婦の会話、両親との会話。いかがですか？

「大丈夫だ！　できるよ。絶対に。できるように人間はできているんだからね」「人間は強いんだよ、元々。どんな厳しい試練も乗り越えることができるよ」

こんな素晴らしく前向きな会話があなたの周辺から聞こえてきますか？

いつもこういった会話の中で生活できていればいいのですが、同僚やお客様から出てくる話はついつい後ろ向きな会話が多いのです。

「リーマンショックの後はギリシャ危機か？　イタリアやスペインも危ないらしい」「ユーロが危ない」「ドルも金も暴落する」「資本主義の崩壊・瓦解だ」「もうどこにお金を預けたらいいか心配だ」

こんな会話に入ってしまうとあなたの潜在意識はどんどん消極的な暗示を受け入れていきます。

6 潜在意識の使用上の注意

気をつけないと潜在意識は消極的な情報をどんどん取り入れてしまいます。外からの消極的な情報は安易に受け入れないようにチェックする習慣が必要です。逆に積極的な情報は実在意識で受け入れようとしてもなかなか潜在意識まで入らないのです。

家来である潜在意識には五感がありません。ただただいつもご主人様の思っていること、聞いていること、話していることをじっと観察しています。外部からの消極的な情報はご主人様が意識して制御しないと入り放題になります。そして潜在意識はご主人様がいつも思っていることが望んでいることだと理解します。そしてたくさんため込んだ消極的な情報とご主人様の口癖を応援するように働きます。

つまり普段から聞いている消極的な情報と、それを信じていつも消極的な言葉を吐いていると、潜在意識はそれがご主人様の望んでいることだと勘違いをするのです。たまにモチベーションセミナーを聞いて急に頑張ろうとしても頑張れないのは、家来である潜在意識がご主人様を守るためにブレーキをかけてしまうプログラムが働くからなのです。

「ご主人様、おやめなさいな！　エイムだかアイムだか知らねえが、いつもご主人様が思っていることや、言っていることと違うじゃないですか。そんなことをやるとお身体やお心に悪いですよ」

おわかりになりますか？　あなたの強く素晴らしい能力が発揮できない原因はこれです。本来あなたの成功の手助けをさせる家来の潜在意識を敵に回してしまうと、いくら実在意識で「がんばるぞ！」とアクセル踏んでも、潜在意識が消極化していると、強いブレーキがかかることになってしまうのです。ご主人様である実在意識がいつも「難しい」「あれもできない」「これもできない」「辛い」という消極化した暗示を自分でも毎日使い、外からのネガティブな情報をも受け入れてしまっていると、潜在意識は「ご主人様は傷ついたり、断られたりするのがお嫌なのだな。よし、ご主人の命が危ないぞ、決して難しいことに挑戦させないようにブレーキを踏んであげよう」とご主人様の命を守るために強力な力でブレーキを踏むのです。頑張ろうと思ってアポイントの電話に手が伸びない。あと一件訪問しようと思っていてもなぜか足は家路を急いでいる。早く本来家来である潜在意識を味方にしないとあなたが生まれてきた命が生かせません。家来と闘って無理して頑張らなくても楽しく頑張れてしまう人生を生きましょう。

7 潜在意識は頼もしい家来

本来、潜在意識は、強力な家来です。味方にすればこんな頼もしい家来はいないのです。メカニズムさえわかってしまったら、もうアクセルとブレーキを同時に踏んでしまうことはなくなるのです。では、具体的にどうしたら潜在意識に本来の力を発揮させることができるかお話ししましょう。

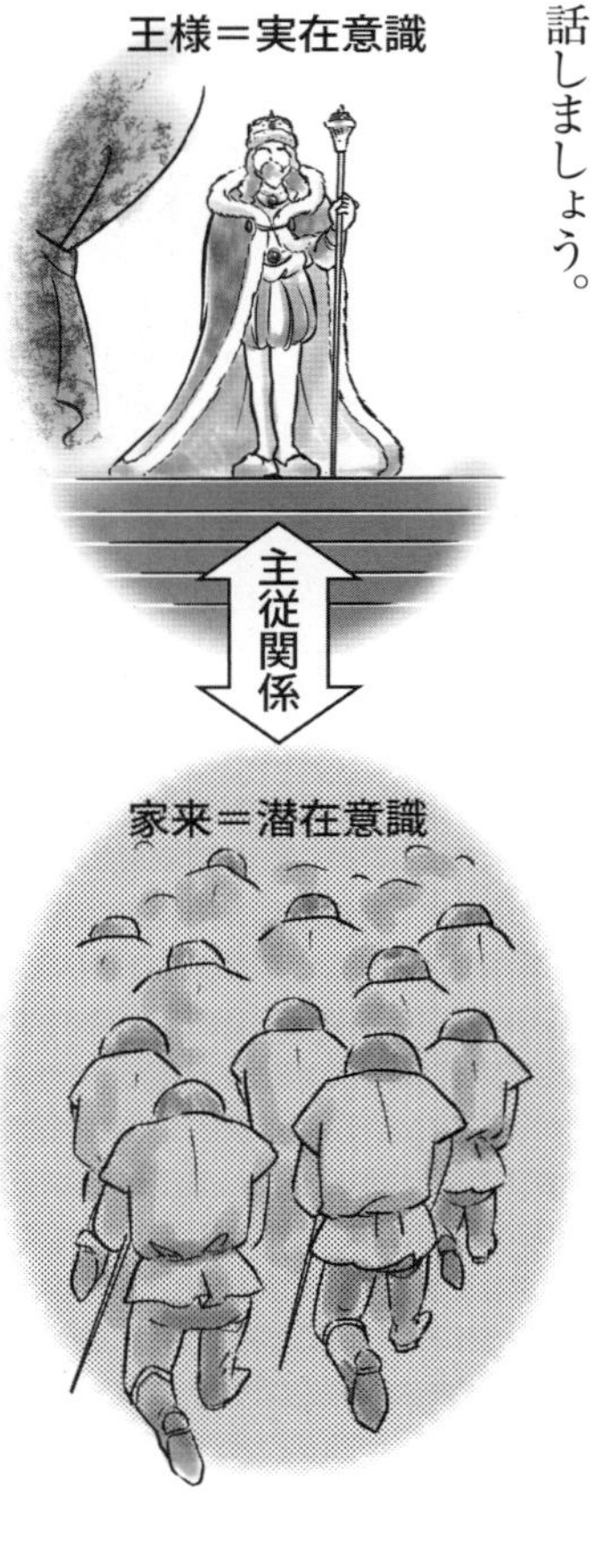

第3章

中村天風式心の強化法

百の理屈より一つの方法

1 お客様を幸せにすることがあなたの人生を変える

まったく生命保険を見直す気にもならなかった人を動かし、一生涯にわたってその人生に深く関わり、助けていく。

尊敬され、愛される担当者に必要な力について挙げると、次の６つがあります。

①　体力　自分に頑健　鉄のごとき体力はあるか？
②　精神力　ものごとに動じない安定した精神力はあるか？
③　忍耐力　目標を貫徹する心と体の粘り強さはあるか？
④　決断力　良いと判断したら即断即決する力。
⑤　断行力　決めたことを断固としてやり抜く力。
⑥　知識・スキル　生保コンサルタントとしての知識や伝える力はあるか？

中村天風の説く人生を成功に導く6つの力を現代生保営業流にアレンジすると以上のようになります。この6つの力のレベルを上げていけば必ず人間的魅力が上がります。お客様を動かす力のレベルが上がるのです。

21世紀は長生きの時代です。古い感覚の保険とゼロ金利の貯金を続けていってもお客様は幸せになりません。宇宙の真理に従ってお客様の人生を幸せにしていけば、あなたの人生もどんどん良くなるのです。

この6つの力のレベルを上げていくのに必要な訓練があります。難行苦行を必要とせず、誰にでもできる簡単な方法をこれからお話ししていきます。

キーワードは「積極精神養成」です。心を積極的にしていけばこの6つの力が上がり、人間力＝「お客に好かれるあなたの魅力」が上がります。出会う方を次々と動かし魅了していく力です。

2 潜在意識の大掃除〈その1〉誘導暗示法

私が中村天風哲学を研修に導入したのは、潜在意識を具体的に積極化させる方法を教えているからです（中村天風についてはP.23参照）。

百の理屈より一つの具体的方法。欧米式成功哲学にないユニークな方法をお話ししましょう。

日常は潜在意識と実在意識との間には壁があって、なかなか実在意識の方から潜在意識に入り込んで積極化させることは難しいのですが、この壁がなくなる時間帯があります。潜在意識を大掃除するには、人間の持つ暗示の感度が最も良い時間帯に実在意識を積極化すれば潜在意識はきれいに掃除されるのです。

では、暗示感度の最も良い時間帯とはいつでしょうか？

実は、寝る直前が潜在意識に入り込む絶好の時間帯なのです。夜眠くなるときに実在意

チーム AIM 2010 年バンクーバー大会参加メンバー　モレーン湖にて

識を積極化すればよいのです。どういうことか？　寝る前の時間帯はとても大切にしてください。この時間帯に楽しいこと実現したいことを頭に描く。そして口に出す。加えてワクワク感を伴えば完璧です。

簡単でしょ？　ですから夜寝る前にテレビで消極的なニュースを見ることをまずやめなければいけません。やれ株安だ、円高だ、どこかの国同士が戦争を始めた？　前の章で説明しましたように世の中のニュースの90％以上は消極的なものです。大切な時間帯にこのような消極的なニュースを見ると、あなたの潜在意識の中に無意識のうちにビシビシと消極的な暗示が入ってしまいます。夫婦喧嘩や親子喧嘩なんて論外！　厳禁です。夜寝る前は必ず楽しいこと、わくわくすることを思い描くのです。

たとえば自分が目標を達成した画像を見れば良いのです。チームＡＩＭの仲間にはＭＤＲＴの世界大会に行ったときのビデオ（ＤＶＤ）を毎晩見てもらっています。

※チームＡＩＭとは、私の研修の受講生でＭＤＲＴメンバーになるため毎月フォローアップ研修に来ている仲間です。２０１２年４月現在、東京と大阪で１５０名います。

または、あなたの会社の海外表彰旅行のビデオでも結構です。先輩から借りて毎晩見続けている仲間もいます。実際にビデオがなくても構いません。想像の力を使ってください。

ただし、その映像を描く時の注意事項があります。映像は願望であってはいけません。写真やビデオを見て「いつか自分もＭＤＲＴ世界大会に行きたいなぁ」と漠然と考えるだけではダメなのです。あなたが実際に完成、完了してしまった映像が良いのです。そしてその映像に言葉を加えてください。「よし、絶対にＭＤＲＴメンバーになっている」「必ずできているぞ」と。その映像、言葉にドキドキワクワク感が伴って出てくることが重要です。

3 潜在意識の大掃除〈その2〉命令暗示法

寝室に手鏡を用意してください。床に入る直前に鏡に映っている自分の眉間あたりを見て、大きな声で叫ぶ必要はありません。自分の声が聞こえれば結構です。ただし一生にこれが最後だというくらいの真剣さで命令をしてください。

「お前は信念が強くなる」
「お前は心が強くなる」
「お前はアポイントが好きになる」

ポイントは命令するのは一つだけにすることです。欲張ってはいけません。「電話でアポイントをとることが好きになる」と命令するなら、それをやり続けてください。そして本当に好きになるまで毎晩一回だけ命令してください。

大掃除〈その1〉、〈その2〉をやったら、とにかく楽しくウキウキしながら床に入ってください。

いやなことを思い出したり、浮かんできたりしてもいちいちこれと対話しないこと。あくまでネガティブなことは冷遇するのです。「ああ、潜在意識の中のゴミが掃除されて浮かんできているんだな」くらいに思ってこのゴミを無視して、とにかく達成したときのイメージを持ってそのまま寝てしまってください。

潜在意識の底にたまったあなたの成功にブレーキを踏む原因だった消極的な情報が不思議なことにこれできれいに掃除されてしまいます。

本来あなたにとって必要のない消極的な暗示、情報は、本来必要な積極的な楽しいイメージに置き換わっていくのです。

4 潜在意識の大掃除〈その3〉断定暗示法

朝起きたらすぐ寝ぼけ眼で眼がはっきり覚める前に前の晩に命令したことを繰り返します。

「お前は信念が強くなる」と命令したら、「よし、信念が強くなった」

「お前は心が強くなる」と命令したら、「よし、心が強くなった」

「お前はアポイントが好きになる」と命令したら、「よし、アポイントが好きになった」

と断定します。これは鏡に向かって言う必要はありませんし、叫ぶ必要もありません。

自分の耳に聞こえるくらいの声で良いのです。

この3つの方法で消極化したあなたの潜在意識はどんどん積極化していきます。

この潜在意識の大掃除をしないで、欧米型目標設定プログラムをやっても土台のない家と同じことです。夢が描けない。描いてもすぐどこからかもう一人の自分が「無理だ、やめろ」とブレーキを踏みにやってくるのです。

この具体的な方法を愚直にやった人から成功の道を歩き出します。どうか信じて実行していただきたいと思います。

早い人で2週間、遅くても数ヵ月のうちにはいつの間にか実在意識で何かをやろうと決意するとブレーキを踏むもう一人の人間はいなくなり、「できるぞ！　お前！　俺が応援してやるからどんどん行け！」と、千人力の家来＝「潜在意識」がアクセルどころでなく、ターボーチャージャー全開で応援し始めるのです。

5 潜在意識を積極化できるタイミング

「世界一わかりやすい潜在意識の授業」（山田浩典著　きこ書房刊）では、他にも潜在意識とコンタクトできる時間帯を挙げています。そのタイミングとは、すなわち、潜在意識がご主人様の命を守る時なのです。命にかかわる行為をしているときです。

① 飲食をしているとき
② 排泄中（受験勉強を思い出して下さい。トイレの中の方が記憶ものは良く頭に入った経験をお持ちではないですか？　潜在意識の力を使っていたわけです）
③ 呼吸を止めているとき（天風道では、呼吸操練という訓練をやっていますが、意識して呼吸調整をしているときは、潜在意識を積極化し、肉体も活性化されます）
④ 喜びと感謝でいるとき
⑤ もちろん寝る直前

6 あなたの心は暗示でできている

もうお分かりになりましたね。人は生まれながらに素晴らしい能力を持って生まれたにもかかわらず、ほとんどの人がその能力をないものと勘違いして一生を送っているのです。能力が発揮できない最大の理由は消極的な暗示を今まで継続的に受け入れてきたことなのです。例えば、

文字＝新聞・雑誌・書籍・インターネット
画像＝テレビ・映画・インターネット
音声＝ラジオ・ニュース・親子の会話・夫婦の会話・他人との会話
教育＝学校時代の先生の言ったこと。失敗の経験・いじめ
自然現象＝異常気象・温暖化・津波・地震等の災害
経済＝円高・バブル崩壊・年金問題・増税

また、天気のようにあなたの捉え方次第で積極にも消極にもなる情報がありますね。夏は暑い⇓これを「やってられない」と言えば消極的な暗示です。これを、「暑いからなお燃えてくるぜ！　元気に行こう！」と言えば積極的な暗示になりますね。

円高で不景気だ⇓これは、輸出関連の企業はそうかもしれませんが、輸入関連の企業は良いものが安く仕入れられるので大儲けです。だいたい、自国の通貨が高くなることを悪いと捉えるマスコミがおかしいのです。

要するに情報や暗示をどう捉えるか？　これがあなたの能力を引き出すポイントなのです。

剣客、書の名人であり、江戸城無血開城にも尽力した山岡鉄舟の名句があります。

晴れて良し　曇りても良し富士の山　元の姿は変わらざりけり
円高よし　円安もよし　優績者　行動の数は変わらざりけり（福地恵士）
好景気よし　不景気はもっとよし（松下幸之助）

消極的な暗示は断じて受け入れない。起こった現象をいつも前向きにとらえること。これが潜在意識を積極化することなのです。長年にわたりこのことを知らずに心を消極化してきた習慣は今日からお別れしましょう。

今晩から潜在意識の大掃除をして、日常は積極的な暗示を強度と頻度を持って潜在意識に取り入れていきましょう。ありがたいことに何十年も消極的な暗示を受け入れていた心でも、このトレーニングをしていけばそんなに長期間をかけずにあなたの心は積極化できるのです。人間の心は本来積極的な暗示や情報が大好きです。ですから人間の心が本来嫌いな消極的な暗示や情報は大好きな積極的なものに意外と早く入れ替わることができるのです。

7 昼間の積極化トレーニング

夜寝る前、そして朝起きたとき以外にも、日中は日中として心掛けておいた方がよいことがいくつもあります。

❶言葉遣いに気をつけましょう

あなたの心は暗示で積極にも消極にもなるのですから、これからは常に消極的な言葉は決して口にしないことです。「参った」「困った」「無理だ」「難しい」「頭にきた」「苦しい」「助けてくれ」など思ってもまず口に出さないことから始めましょう。

❷喜びと感謝で生きる

先ほども説明しましたように、人は喜びと感謝でいるときは潜在意識を積極化できるのですから不平不満を言わないで、「ありがとうございます」「感謝しています」「ワクワク

していま す」をモットーに生活しましょう。

❸怒り・恐れ・悲しみの三大消極感情を持たない

この三大感情がもっともあなたの心を消極化させてしまいます。私も短気で頭に血が昇ることがよくあり、そうしますとそれからしばらくは自分の心がコントロール不能状態になってしまいます。笑顔でアポイントの電話をかけることはとてもできません。最近はおかげさまで少しはコントロールできるようになりましたが。

❹セルフジャッジ

今自分の考えていることや、やろうと思っていることは積極か消極か自己審判をして、もし消極的な考えや行動と判断したら断じて受け入れないようにしましょう。

❺他人の暗示のジャッジ

あなたの周りの人たちの話や情報を消極か積極かジャッジしましょう。

ご家族も含めて、友人、お客様の言っていることは積極でしょうか？　消極的なことを聞いたら、断固受け入れるのはやめましょう。もちろん相手にノーを伝える必要はありません。相手をきつく否定すると喧嘩になります。喧嘩をしてしまったら消極的な仲間に逆戻りです。顔はにこにこ、でも情報は受け入れないということです。

特にリーマンショックの後、経済情報は消極的なものが増えたように思えます。先にご説明したように油断をするとまたあなたの潜在意識を汚してしまいます。

❻人づきあいの方法

人づきあいのしかたは、３つの段階があると思います。

《第一段階》

まず初めは消極的な人と付き合わない。あなたがやっと積極の道を歩き始めたのに消極的な人と一緒にいると悪い影響を受けますので、最初の段階はなるべく消極的な人とは付き合わない。特に飲食は避けた方が良いと思います。出てくる話は不平と不満ばかりですよ。飲食の時間は潜在意識と実在意識の境が薄くなる時間です。注意が必要です。

《第二段階》

あなたの夜寝る前のトレーニング、朝、昼の心がけが習慣化されてくれば、あなたの潜在能力が発露してくるはずです。営業成績も出てくる頃です。この段階では消極的な人と飲食を共にしてもあなたはすでにまったく影響を受けないはずです。

「ねえ、何で外貨建ての保険なんて売っているの？　ドルもユーロも危ないって言うじゃない？」

なんてＭｒ．＆Ｍｓ．消極さんに話しかけられても、あなたは、

「そう？　僕は（私は）そう思わないんですよ。楽観主義ですからね」

と消極さんの話にまったく乗らないのです。

《第三段階》

もうあなたは、ＭＤＲＴの会員資格を得て本来の能力を全開にしています。逆に消極さんをあなたのパワーで積極化するお手伝いをしましょう。

「世の中いやなことばかり起こるねえ。生命保険は売れる時代は終わったのかなぁ」

なんて始まったら

「何を言っているんですか？　円、ドル、ユーロ、金が暴落したって、今さら物々交換の世の中なんて来るはずないですよ。貨幣は人が便利に暮らせるように作った仕組みです。仕組みだからうまくいかないときもあるけれど良いときも来ます。人間生きていくには、ごはんも食べなくてはいけないし、着る物も必要、移動するためにガソリンも必要でしょ？経済活動にお金は絶対必要であるのと同様に、みんなを守るために保険も絶対必要です。みんなの役に立つ素晴らしい仕事じゃないですか？　さあ、そんな暗い顔していないで、

笑って前を向いて今日も元気にアポイントをとりましょう。絶対あなたも成功できますよ。好きで選んだ仕事でしょ？　生まれながらに成功できる力を持っていますよ。ポイントは積極思考ですよ。一緒にＭＤＲＴ会員になりましょう。応援しますよ！」

第三段階は消極的な人を積極化していく人になることです。ＭＤＲＴにはメントア（＝師弟関係）の制度があります。ＭＤＲＴメンバーがＭＤＲＴメンバーを目指す人をサポートする制度です。ＭＤＲＴはまさに積極的な人たちの集まりですから、まだ自分の能力を発揮しきっていない仲間を引っ張り上げる活動をしているのです。

今、病気を患っている人や仕事でアンラッキーな状態の人には、特に明るく前向きに励ますこと以外は言葉に出さないことが大切です。

❼取り越し苦労の厳禁

まだ来ない将来にいらぬ心配をすることはまったく意味がありません。エネルギーの無駄です。私自身もふっとつまらない不安を抱いたときは「取り越し苦労のゲンキーン（厳禁）」と言って振り払います。将来は突然やってきません。未来は今の連続です。

未来を作るのは今の積み重ねです。要らぬ取り越し苦労より将来に繋がる今やるべきことを始めましょう。

❽正義の実行

犯罪とかコンプライアンス違反をやめようというレベルではありません。法律やコンプライアンスを守るのは当然です。普段の生活の中で、法に触れなくても心に後ろめたいことは断じてしないということです。

たとえば、お客様のところに伺っています。テーブルの上にはおいしそうなおまんじゅうがあります。これをお客様がお茶を淹れに台所に立った瞬間にパクッと食べる行為はいかがでしょうか？ これはあくまでもたとえばの話ですよ（笑）。隠れてパクッ！では、おまんじゅうはあまりおいしくはないですし、何か心に後ろめたさが残りますよね。こういった行為も心を消極化してしまうのです。

「おいしそうなおまんじゅうですね。一ついただいてもよろしいでしょうか？」

「どうぞどうぞ」

「いただきます。わぁーおいしいですね」

これも積極的なおまんじゅうのいただき方です。

第4章

大成功イメージ戦略

1 頭の中のイメージはプラスもマイナスも必ず実現する

あなたがもし今成功していないとすれば、それは運がないからでも能力がないからでもありません。運や能力のせいではありません。能力の使い方を知らないだけだと再三申し上げてきました。それでは、その具体的能力の使い方を私の事例でお話しいたしましょう。

私は１９９１年４月に生命保険業界に夢いっぱいで入りました。１年目は入社のお誘いを受けていたときからのイメージ（＝絵）が見えていました。私が一所懸命に応援してきた何件かの眼鏡店の社長から法人保険をいただく。そしてハワイの海外表彰とＭＤＲＴ基準は達成できる。

初年度手数料を1年で１０００万円達成したら、ハワイの表彰旅行に招待されると支社長から説明を受けていました。

「ハワイかあ…」

サラリーマン時代に無理をして両親をハワイに連れて行きましたが（連れて行くと言っても両親の費用は両親負担）、経済的にも時間的にも苦しい旅行でした。

一年後のイメージをすぐに頭の中で描きました。もうサラリーマンではないのだ。プロのセールスとして成功したら、お金と時間のことをまったく気にしないでホテルの大きな部屋でハワイの空気を吸っている。花の香りがする。ソニー生命の海外表彰は家族とともにステージに上がります。当時独身でしたが夫婦でガッツポーズをしている姿も見えました。想像するだけでワクワクしてきました。このイメージを描きながらワクワクした感情を持つこと。これがあなたの持っている能力を引き出すカギなのです。

でも心配なことがありました。一年目は前職であれだけお客様の売り上げ増に貢献してきたのだから数社は私から大型の保険に入ってくれるだろう。でも二年目以降は紹介をいただくのが難しそうだ。もし紹介をいただけなければ行くところがなくなり、それ以降は大変苦しい思いをするだろうなあ？

強い成功のイメージは必ず現実化します。一方、消極的なイメージも現実化するという事実があるのです。怖いほど想像通りに夢が実現していきます。

５社が私から大口の保険に加入していただきました。入社から４ヵ月半でＭＤＲＴ、海外表彰基準をクリアしました。

楽しいイメージが達成したとたん、不安に思っていたイメージもしっかり現実のものとなりました。契約をいただいたお客様からなかなか紹介が出ないのです。まさに行くところがなくなりました。想像した通りの不安と経済的に苦しい生活が実現しました。

3ヵ月で1300万円稼いだ勢いで（報酬は分割で支払われます）、フルローンでBMWを購入。毎月のローンは当時の家賃より高い返済額でした。なのに、お客様のアポを取らないで翌年の表彰旅行に連れていく花嫁候補を探すアポイントの電話をしていました。この電話にひっかかった（?）のが今の女房です（笑）。想像通り結婚することができました。しかし、お金がないのでブライダルローンで結婚式をしました。

そのまま新婚旅行代わりにハワイのコンベンションに妻を連れて行くことができました。想像した通り妻とステージで表彰を受けてガッツポーズもしました。

一方で、ハワイから帰ってきてからが大変です。悪い方のイメージも次々と実現していったのです。当時は高かったノートパソコン一式もローン、ファイナンシャルプランナー講座もローンと、あっという間に借金は1000万円を超えて行きました。2年目はイメージ通りにMDRT基準も海外表彰基準も達成できませんでした。

そんな最中、妻のお腹に長女がいることがわかりました。「紹介が出ない＝行くところがない」なんて言っていられません。

「飛び込みはいやだ。電話帳をめくってコールドコールをするのもいやだ」

「でも何とかしなくてはせっかく掴んだ幸せが崩壊する」

現状が好転しないまま、焦りだけが募っていきました。

そこで私は考えました。結論は「数は少ないが前職で契約をいただいた後輩達に何とか紹介をお願いしよう！」でした。

5人の既契約者である後輩に毎日一人ずつ会う。月曜日は村上君だ。村上君から3人紹介をもらう。火曜日は佐藤君だ。佐藤君にも3人の紹介。水曜日は米谷くん。木曜日は伊藤君。金曜日は沢田君。

3名×5日間＝15名　つまり月曜から金曜日まで活動して『福地と会ってソニー生命の話を聞いていただける人』を15名獲得する。これを4週間続ければ60名の見込み客を作ることができる。60名『福地と会って話を聞いてもらえる人』のリストができれば来年のカウアイ島のコンベンション、そしてMDRTメンバーへ復活できる。

作戦は簡単にできました。そして紹介を断られるイメージを懸命に消し去りました。後は当日イメージ通りに一所懸命お願いをするだけです。

2 言葉とテーマソングを武器にする

イメージを強固にする道具が言葉です。そして気分をさらに盛り上げるのが音楽です。断りの恐怖を払拭するための景気づけに、朝は映画「トップガン」のテーマソング「デンジャー・ゾーン」（私の定番ソングです）をガンガン鳴らしながら紹介が取れたイメージを頭の中に思い描き、紙に書いたアファメーション（自分に対して語りかける肯定的な宣言・言葉）を声に出します。

「私は偉大なセールスマンだ。私の辞書には断りの恐怖はない。今日の既契約者から必ず3名の紹介者を得る。成功のイメージがはっきりと見える。必ず3名の紹介をいただく。私はどんな困難も楽しんで乗り越えることができる。その先に妻と長女、そして両親をカウアイ島に連れて行くイメージが見える。絶対カウアイ！　絶対MDRT！」

イメージ×言葉×ワクワク感×音楽＝実現

この公式通りに毎朝この行事を行い続けました。予定通り月曜日、村上君からお父さん、弟さん、そして友人の計３名の紹介をいただくことができました。

しかし、火曜日は、前の晩のイメージ作りをしっかりしなかったので佐藤君からは一人の紹介も得ることはできません。

仕方がないので、水曜日予定の米谷君のところに行きます。「米谷君は水曜日の予定だったんだけど、今日会ってくれる？」何とか米谷君をつかまえることができましたので、早速お願いします。

福地　今、紹介入手キャンペーンをやっているんだ。米谷君の友人でとにかく福地と会って話を聞いてくれる人を３人紹介してほしいんだ。

米谷　保険の紹介でしょ？　勘弁してくださいよ。

福地　まず話を聞くだけだと言ってほしいんだ。話を聞いたからといって保険に入らなければならない義理や義務はまったくない。話を聞くことにとにかくイエスをもらってほしいんだ。話を聞いてくれるだけでいいといってくれないかなあ？

米谷　うーん…

福地　頼む！　この仕事を続けるためにどうしても見込み客のリストを増やす必要があるんだ。
米谷　しょうがないですね。じゃあ大学時代の友達でもいいですか？
福地　もちろん。感謝します！

水曜日はまた佐藤君にお願いにあがりました。

佐藤　保険の紹介でしょ？
福地　そうだよ。保険以外に売るものないんだから。『話を聞いて関心がなければ断っていいから』って紹介してほしんだ

当時は紹介のスキルなどというものはまったくありませんでしたからただただお願いするだけでした。佐藤君が営業に出かけても帰ってくるまでずっと待っていました。

佐藤　ゲッ。まだいたんスか。困ったなあ…わかりましたよ、僕のフィアンセを紹介しますから。
福地　あと2人！　誰かいない？
佐藤　あと2人ですか？　もぉー。じゃあ同期の2人を紹介しますよ。
福地　ありがとう、感謝します！

3 手に入れたいイメージが粘りを生む

今日一日、自分との約束を必ず守り通す。３名が新たにリストに加わりました。夜遅く帰ってきて団地のカビの生えた風呂場で湯船につかります。壁を触ると白いペンキがタイルのように禿げてポロポロと湯船にこぼれました。それでも何とも言えない達成感で一杯です。心の映像は両足を伸ばして入っている広い浴槽のある新築の家です。

「もう私は成功の道を歩いている」

とても充実した今日一日でした。全力で今日一日を生きる。これを一週間続け、ついに15人の見込み客リストができました。

第２週の月曜日また村上君のところに行きます。

村上　また来たんですか？　福地さん、他に行くところないんですか？

福地　ないから行くところを作りに来ているんですよ。先週はありがとう。今週も３人頼むよ。

村上　先週3人紹介したでしょ？

福地　今週分あと3人お願いします。どうしてもこの仕事を続けていくのにこの紹介入手キャンペーンは成功させなければいけないんだ。絶対60名のリストを完成させると決めたんだ。村上君が僕の仕事を始めたとしたらどこに行く？　3人しか行くところないということはないでしょ？

村上　仕方ないなあ、じゃあ、同期の3名のところに行きますか？

この2週間目はさらに苦労はしましたが、やはり毎日充実した日々でした。まだ契約が取れたわけでもないのに「見込み客が確実に毎日3人ずつ増えていく」…考えただけでもワクワクしました。火曜日は再び佐藤君、水曜日は米谷君と回ります。

「行くところがなくなったら読む本」（近代セールス社刊）にその鉄則や紹介入手の話法を書きましたが、「紹介は名前が出てくるまでお願いする」のが鉄則です。その粘りは、積極思考しかありません。

4 あと一歩のところで詰めの甘さが仇《アダ》に…

2週間でついに福地と会ってソニー生命の話を聞いていただける人のリスト30名ができました。「紹介だけ目的」で活動するのはひとまず終了です。

翌週からはアポイントでスケジュールが一杯になりました。生命保険セールス人生の中のたった2週間、この燃える2週間のおかげでその後20年楽しくこの仕事を続けることができています。

毎日3人と会って週末までに必ず契約を1件以上獲得する。この自分との約束を守り続けました。年末まで活動量は前年に比べて数段上がっていましたが、正月明けて目標のまだ三分の二しかできていません。海外表彰の締め切りは当時3月10日でした。毎日3名の見込み客と会い続けることをやっていますが、当時の知識とスキルではコミッションで200万円ほど足りなくなりそうです。どうしても高額の保険料が払える社長か資産家の見込み客を探さなければなりません。毎日個人保険を募集しながら、法人の紹介を求めて活動をしました。

「どなたか会社を経営されている方をご紹介いただけませんか」

「お金持ちの方をご存知ありませんか？」

既契約者を回っては、お願い攻撃ばかりです。1月後半、ようやく歯科医の先生を紹介いただきました。金曜日に待合室で奥様と話をして月払いで20万円の提案を承諾していただきました。翌週月曜日に先生に診査を受けていただくことになりました。

「やったー！」週末には嬉しくて「何とかカウアイに行けそうだぞ」と妻と祝杯を上げました。

ところが、月曜日の朝歯科医の奥様から、こう言われたのです。

「やはり主人がそんな高額な保険はやらないと言われてしまったのです。申し訳ありませんが今日の申し込みと診査はキャンセルしてください」

目の前のカウアイ島が一瞬消えそうになりました。「大成功！　生命保険アプローチ」（近代セールス社刊）でも書きましたように、「アプローチやプレゼンは必ずご夫婦に会ってお話をする」という大原則を怠ったために、あと少しのところで失敗をしてしまいました。

5 諦めない潜在意識が奇跡を呼ぶ

しかし、毎日朝・昼・晩、テーマソングとアファメーション＋カウアイコンベンションの表彰式のイメージ＋ワクワクをやり続けていましたから、潜在意識が絶対諦めさせてくれなかったのです。

２月に入り、個人保険は毎週コンスタントに獲得できていたものの、どうしてもコミッション２００万円分が足りません。残りは法人か資産家の見込み客を絶対見つけると決めました。今日は絶対に社長か資産家の紹介を得るまでは帰らない決意の下、家を出ました。しかし意に反して夜になっても出会いはありません。ついに渋谷のスナックのマスターのところに行きました。

マスター　どう？　調子はいいのかい？

福地　それがもうちょっとなんです。マスターのお客様でお金持ちか社長っていないですか？　どうしても足りない分を社長か保険料のたくさん払えるお客様で何とかカバーしなくてはなりません。今日中に見込み客を探すと決めて出かけたんですけど、とうとうマスターのところに来てしまいました。

マスター　保険屋なんかにお客様を紹介できないよ。

福地　その「保険屋なんか」ですけど、そこを何とかお願いできないでしょうか？

マスター　紹介すると何かいいことあるの？

福地　うちの両親がカウアイ島に行けるんですよ。

マスター　何それ？　うちにメリットないいんじゃないの（笑）。

福地　ええ、『特別の利益の供与』という法令違反になりますので紹介マージンは出せないんですよ。でもボトル一本キープしますから。

マスター　何だよそれ。こっちにメリットなしかぁ(苦笑)。ていうか、そんなにカウアイって行きたいの？

福地　ええ、1年前からカウアイに行くってずーっとイメージして言い続けてきたんでどうしても諦められないんですよ。誰かお金持ちか社長はいませんか。お願いします。

マスター　うーん。まいったなあ。まあ、お客さんは紹介できないけど従兄にお金持ちの

福地　社長がいるから行ってみる？

マスター　ありがとうございます。おかげで今日中に社長の見込み客を作るという目標は達成することができましたよ。

福地　明日電話しておくから。

マスター　ありがとうございます。

翌日すぐにマスターの従兄、Ｋ氏が経営する会社に伺いました。

Ｋ　せっかく来てもらって悪いけど会社は利益が出ていないんですよ。

福地　それでも粘って、

個人ではいかがですか？　長期的な保障と貯蓄なら生命保険を利用した方がメリットの出る場合もあります。

当時は予定利率の高い養老保険がありましたので、保障と老後資産を同時に作ることができるとアピールしました。

Ｋ　個人ならできるかもしれないなあ。

福地　今週、奥様とご自宅で話を聞いていただけないでしょうか？

Ｋ　いいですよ。

世田谷にあるK氏の豪邸？　に伺うことができました。潜在意識が味方になってきたようです。

K　掛け捨ての保険に7万円、貯金に15万円やっているより、福地さんのプランの方がいいね。

月払い17万円の契約をいただきました。それでも同じ契約がもう一件分足りません。

福地　お願いなんですが、Kさんと同じくらい保険料を払える人をご紹介していただけませんか？

K　弟ならこういった貯蓄商品好きだからやるんじゃないかなあ。近くに住んでいるから呼びましょうか？

幸いにも、K氏の弟、B氏からも同じくらいの保険料で契約をいただくことができました。これが2月の末。今度こそ「やったー！」と思いきや、運命はそう簡単にはゴールさせてくれません。B氏は、保険を自分で設計できることに興味を持たれたようで、奥様からお子様の入院特約まですべて付けてお申し込みをいただいたのが問題を引き起こします。告知欄にお子様が鉄棒から落ちて脳しんとうを起こしたことを告知していただいたことで、お子様のお引き受けが不可になりました。

B　子どもの入院特約くらいが引き受けができないんなら兄貴の分もすべてキャンセルにするよ。

手厳しい反対をいただきました。でもカウアイ島の表彰式のイメージが私を諦めさせません。お客様のところに日参して、お子様の事故について追加告知等最大限の交渉をしました。なんとか条件を承諾していただき、締め日の前日にすべて成立をさせることができました。

３年目のこの奇跡の大逆転は、今考えると奇跡でも何でもなかったのです。なぜなら潜在意識を常に積極化するとオリンピックを目指すマラソン選手が毎日30㎞走ったり、水泳選手が毎日10㎞泳ぐことを楽しんだりするのと同じになるのです。つまり、保険セールスとして毎日見込み客を探して活動することがワクワクしながらできるようになっていったのです。

このお客様以降、私のセールススキルも上がり、意識して頑張らなくてもどんどん経済力のあるお客様に出会えるようになっていきました。恐るべし、潜在意識！

6 福地恵士の軌跡

ここで改めて私のキャリアを紹介させてください。

※AC＝初年度コミッション

1991年4月　ソニー生命入社　AC1360万円　62件　社長杯・MDRT
1992年度　AC　536万円　45件　すべてのタイトル落とす
1993年度　AC1200万円　76件　MDRT・社長杯復活
1994年度　AC1800万円　76件　MDRT・社長杯
1995年度　AC2250万円　72件　MDRT・社長杯
1996年度　AC1800万円　70件　MDRT・社長杯
1997年度　AC1800万円　70件　MDRT・社長杯
念願のホームシアターのある家を新築

1998年5月　エグゼクティブライフプランナー（部長職）
2000年度　ＭＤＲＴ成績資格終身会員
2001年度　株式会社エイム設立
2012年4月現在　ＭＤＲＴ　登録20回

小学校1年はオール２から始まりました。勉強できない、運動できない、エッチ？「ドラえもんのいないのび太」が夢を次々と実現できたのです。

あなたでも潜在意識を積極化すればできるような気がしてきたでしょ？

第5章

論より証拠

潜在意識トレーニングの結果、どん底から這い上がった実例

1 サクセス生命　上原謙信さん(仮名)のケース

・2006年4月　呉服チェーン店の店長から転職
・2008年9月　PAC(パーフェクト・アプローチ・コース)受講

単価を上げる売り方を習った上原さんは受講直後1ヵ月で初年度手数料170万円を挙げましたが、その後成績が低迷しました。2009年も春先から夏の手前まで海外表彰やMDRT基準達成の勢いがありましたが、8月以降大失速。この年は海外表彰もMDRT基準もまったく届かない残念な結果でした。

上原さんは、PAC受講後、ずっとフォローアップ研修に参加していました。ロールプレーをしてもとても上手で、特に紹介入手についてはとても熱いハートを伝えることができていました。ロールプレー＝伝える技術については問題がないのに、なぜか結果が出ないのです。コーチ福地は考えました。上原さんが受講して1年半も経過して成績が出ないというのは、原因が絶対にあるはずなので、その原因と対策を考えました。

そこで２０１０年4月15日（ご本人は運命の日といっています）に会社に来ていただいてミーティングをしました。

福地　夏以降の大失速を2回拝見しました。原因究明と対策をしないと今年も大失速をされては大変なので今日は来ていただきました。２回の大失速の原因はどこにあると思いますか?

上原　夏以降なぜかやる気が持続しなくて面談件数も減る一方でした。でも今年の正月に初詣で誓いました。今年海外コンベンションやＭＤＲＴを達成できなければこの仕事を辞めると誓ったんです。

福地　それはすごい覚悟ですね。夏以降やる気がなくなる原因が絶対にあると思うんです。私も10年研修をやってきて目標設定や売り方だけ教えていたのでは、今後上原さんのような優秀なお弟子さんの才能を開花させることができないという結論に達しました。

上原　今日は、先生とお話できるのを楽しみにしてきました。

福地　上原さん、天風哲学で勉強しましたように夜の時間の過ごし方がとても大切でなんです。この2年、夜はちゃんと眠れていますか?

上原　実は、この2年ベッドで寝た記憶がないんですよ。

福地　何ですって? ベッドで寝ていないって、どこで寝ているんですか?

上原　夜帰ってきてテレビのニュース番組を見ながらビールを飲んで、気がついたらソファーか、ひどい時は床の上で朝になっています。

福地　それは、ひどいなあ。夜、ニュースを見ながらビールを飲んで何を考えていますか?

上原　『明日のアポがうまくいくかなあ?』とか、『このまま売れなくなったらどうしようか』なんて考えていると酔ってきて、気がついたら朝です。

福地　わかりましたよ、上原さん。原因は夜の過ごし方ですね。夜眠くなる時間帯は消極的になっている潜在意識の大掃除と積極的な暗示を潜在意識に入れる絶好の時間なんですよ。その時間帯にまったく逆の暗示をかけているのが上原さんですよ。

上原　まったく逆ですか?

福地　そうですよ。ニュース番組を夜、惰性で見ていると潜在意識は消極化してしまいます。だってニュースの9割は消極的な情報が多いでしょ? やれ株安だ、円高だ、誰かが殺された、誘拐された、なんてね。ビールはやめろと言いませんよ、私も晩酌は大好きですからね。でも夜ニュース番組は見るのはしばらくやめましょう。そ

カウアイの翌年、コンベンションサイトのハミルトン島での表彰式

の代わりに上原さんの実現したいワクワクするような写真や映像を見ませんか？　行きたいところの旅行のパンフレットとか欲しい車のカタログとか。

上原　そうですね。そのほうが楽しい時間になりますよね。

福地　そうですよ。潜在意識に楽しい映像を叩き込みましょう。そうすればその映像は必ず実現するんですよ。ちょっと恥ずかしいですが、私の家族がコンベンションで表彰されているビデオがあるので見てください。

私と妻と長女、そして両親が舞台で表彰されているビデオを上原さんに見てもらいました。

上原　わー、いいですね。こういうイメージを夜にするんですね。

福地　そうです。それと今晩から必ずベッドで寝るんですよ。それと命令暗示をします。ベッドサイドに手鏡を置いておきます。夜寝る直前に眉間のあたりを見て真剣に『おまえは信念が強くなる』と鏡に映った自分に命令してベッドに入ってください。そして誘導暗示です。さっきイメージした楽しい映像を思い浮かべてそのまま寝てしまうんです。消極的なイメージや考えが浮かんで来たら冷遇してください。そいつを相手にしないということです。出てくるなといったって出てきますから。ちょうど潜在意識に溜まったゴミが浮かんで掃除されているんだなあくらいに思って、とにかくウキウキワクワクするイメージだけ考えてそのまま寝てしまう。いいですか？

上原　よくわかりました。

2 寝る直前のイメージトレーニング実行

次に5月のフォローアップの時に上原さんに聞きました。

福地　あれからちゃんとベッドで寝ていますか？
上原　うーん。2日に1日くらいの割合で、ベッドで寝るようになりました。
福地　まだ床の上で寝ているんですか？　とにかく、毎日夜はベッドで寝るんですよ。
上原　はい、やります。

これから後は、上原さんはすごいことを始めました。先輩からハワイのコンベンションの表彰式のビデオを借りました。映像は先輩とご家族がステージの上で表彰されているシーンです。先輩と奥様の両方がメダルを役員からかけてもらいます。

その後、家族でハワイの海やホテルのプールで遊ぶ、パーティーで乾杯しているシーンが流れるというビデオです。

このビデオを毎晩寝る前に見るのが日課になりました。ただ、見るだけではなく、先輩から借りてきた表彰式のメダルをビデオの表彰シーンに合わせて自分の首にかけるのです。

奥さんは初めの頃は「何をやっているの？　なんか危ない宗教にでも入ったの？」と言って笑っていましたが、上原さんの毎晩の真剣なこのイメージトレーニングがその後の上原さんのセールス人生を大逆転させるのです。

3　6月のフォローアップでは事態が好転！

福地　調子はどうですか？　上原さん。ベッドで寝るようになりましたか？

上原　はい、おかげさまで毎晩ベッドで寝られるようになりました

福地　暗示はやっていますか？

上原　はい、先輩からコンベンションのビデオと表彰式のメダルも借りてきて、先輩がメダルをかけてもらうのと同時に私も自分でメダルをかけてそのまま眠るんですよ。

福地　それはかなりリアルなイメージトレーニングですね。効果絶大ですよ、きっと。

上原　はい、毎晩見ていますとだんだん先輩がメダルをかけてもらっているのではなくて、自分がメダルをかけてもらっているような感じに見えてくるんですよ。そして先輩の奥様ではなく私の妻が隣でやはりメダルをかけてもらっているシーンに見えてくるんですよ。

6月~7月サクセス生命ではコンテストがあります。上原さんは初めてシルバー賞に入賞しました。そして課題の「8月」がやってきました。暑かった2010年の夏に失速どころかこの月にも初年度手数料150万円を達成したのです。

福地　上原さん絶好調になってきましたね。ビデオを見続けているんですね?

上原　おかげさまで。毎晩ビデオと暗示をしてベッドで早めに寝るんです。そうすると朝起きた時、これほど最強の自分はいないという気分になります。朝ウォーキングに30分ほど出かけるようになっていまして、戻ってくるころは最高の気分です。そのまま会社に行ってアポイントを取るんです。

福地　かなりアポイントの確率も上がっているんですね?

上原　はい、このアポの電話は必ず取れると思えるようになったんです。そのまま電話をするとちゃんとアポイントがとれるんですよ。

福地　プレゼン以降のプロセスはいかがですか?

上原　はい、こんな素晴らしいプランは決まらないはずがないと思ってプレゼンしていますから必ず決まるんです。

4 ついにダブルタイトル達成

いかがですか？　このように消極的な意識を一掃し、積極的なイメージトレーニングを重ねた結果、上原さんの潜在意識がお客様の潜在意識とコンタクトを取るようになり、面白いようにアポやプレゼンに結びついていきました。

上原さんから発せられるプラスの「気」に、お客様もプラスの感情で応える。ここまで来れば契約は向こうから自動的にやってくるも同然です。

逆に、もし上原さんが「やっぱりダメかもしれない」などと消極的なことを考えながら、オドオドとお客様に対していれば、どうでしょうか。そんなとき、お客様は「保険屋なんかに用はないわよ」とマイナスの感情でしか応えてくれないものです。

この年、上原さんは２０１０年12月の時点でＭＤＲＴ会員基準と、２月末締めの海外コンベンション基準両方を達成しました。

もう「夏以降の大失速」なんていう言葉は消え去りました。

福地　おめでとう、上原さん。さあ、来年6月はアトランタ（米ジョージア州）のMDRT大会に行きましょう。そのときはぜひビジネスクラスで行きましょう。お金はかかりますが、上原さんの人生をステップアップさせるには良い経験になります。時間も投資をしましょう。6月のコンテスト期間に約2週間という時間を学びと遊びに投資しましょう。この2週間を心からエンジョイするために、来年は6月までに再来年のMDRTと海外表彰の数字を達成しておきましょう。

上原　そうですよね。数字ができていないで遊びに行っても楽しみが半減してしまいますからね。やりますよ！

積極的な心はイコール「素直な心」です。

上原さんの素直な心はどんどんセールススキルを向上させていきます。

２０１１年6月、上原さんを含む我々チームＡＩＭの仲間はアトランタ大会に赴きました。

5 あなたもＭＤＲＴ年次総会に出席しているイメージで

さあ、あなたもここから先はご一緒にＭＤＲＴの世界大会に参加しているイメージを持ってお読みください。

チームＡＩＭ総勢10名のうち、上原さんをはじめとする5名のファーストタイマー（米国本部大会初参加者）も一緒に受付登録のボランティアに参加しました。チームＡＩＭ・アトランタ大会のテーマも「積極」です。

英語が話せなくてもどんどん積極的に受付登録業務をこなす必要があります。なにせ登録者数は６０００名です。我々が担当した土曜日の午前10時から12時はピークの時間帯です。忙しくなりますよ。一人当たり１００名以上はこなさなくてはなりません。我々は生命保険のトップセールスですから、伝える力は持っています。英語での基本的な受け答えは教えましたが、わからないときは身振り手振りで何とかなるものです。文法なんて気にしていたら仕事になりませんよ。どんどん中学英語でアタックです。

MDRT アトランタ大会登録受付のボランティア

Hello, welcome to MDRT.（ここで握手）

Nice to meet you.

こんにちは、ＭＤＲＴにようこそ。よろしくね。

Please scan your barcode here. Wait a moment.

あなたのバーコード（登録用紙にある）をスキャンしてください。ちょっと待ってくださいね。

Your name badge will be printed. Here! It's easy, isn't it?

ネームバッジが印刷されますから。ほら、簡単でしょ？

必要な英語はこのくらいです。これを１００名繰り返せば登録受付の英会話は達人

（?・）の域に達します（笑）。

ネームバッジが出てこない等のトラブルは、身振り手振りで

Could you ask it over that information counter?

あそこの受付に行って聞いていただけますか？

積極人生は何でも可能にしますよ。学生時代英語が苦手だった人もＭＤＲＴのボランティアに参加することで英語が使える喜びを経験できますよ。

午前中のメインプラットホームの研修は６０００名が一堂に集う素晴らしい時間です。

午後は、またパワーセンター（書籍やバッジ等ＭＤＲＴグッズの販売所）で売り子のボランティアです。

世界トップ５％の仲間が集まる素晴らしい会議。フェアウェルパーティーでは、翌年のアナハイム大会（カリフォルニア州）にさらなる飛躍をして参加することを誓い合いました。

アトランタの帰りはマウイ島のカパルア・ベイに３泊しました。ヴィラ（高級貸別荘）

MDRT アトランタ大会

カパルア・ヴィラ

ヴィラからのマウイの海の眺望

毎晩バーベキュー大会

に泊まって昼間はプール、海、ゴルフ、夜は毎晩バーベキュー大会をしました。福地はシェフとガイドに徹しますよ。刺身にイタリアン、ニューヨークステーキとサラダはいかがですか？　たくさん飲んで食べて次の年のアナハイム大会の帰りもハワイ島で同じような別荘生活をしようと誓い合いました。

上原さんの頭の中でイメージしたことがどんどん現実化する不思議な体験をしていきます。

さて、ここで今一度、上原さんの軌跡をおさらいしてみましょう。

※AC＝初年度コミッション

2006年　4月入社　この年　AC300万円
2007年　AC450万円
2008年　7月PAC受講　直後はAC170万円を挙げる
その直後失速でこの年結局AC480万円に終わる
2009年　夏以降失速　AC490万円に終わる
2010年1月元旦　今年、社長杯やMDRTを達成しなければ辞めると誓う

4月15日　運命の日　以降夜の時間の過ごし方を変えた。
6月～7月　AC150万円　潜在意識が積極化されていく
8月　AC150万円　もう失速は過去の言葉
12月　750万円MDRT・海外表彰・基準達成
2011年　7月にMDRT基準達成　9月に社長杯基準達成
2012年　2月年間獲得AC1000万円を超えてGG賞入賞
※GG賞＝ゴールデングランディ賞：社長杯基準の1・5倍

今年の夏、上原さんはご夫婦両方の両親を連れてハワイの表彰式に行きますが、GG賞の特典としてさらに2011年秋ディズニーがオアフ島に建てたばかりのアウラニ・ディズニー・リゾート＆スパ〝コオリナ・ハワイ〟に2泊延泊する予定
2012年度はCOT（＝MDRT基準の3倍）を目指して驀進中《ばくしんちゅう》。

最近、上原さんが毎晩、毎朝、毎昼に繰り返しイメージしている映像を言葉にしたものが送られてきました。

《6人での表彰式》

「そろそろお願いします」

スタッフさんの声がかかり、私と妻、私の両親、妻の両親6人揃って、会場裏の待機の列に並んだ。まだ順番は先だというのに緊張感が漂っている。

舞台裏まで来ると会場の様子がモニターで流れていて、そろそろポーズをどうしようかと妻が言い始めた。

あと3組で自分たちの番。この一年、今日の日のために走り続けてきた気持ちが、湧き上がってきた。お客様、福地先生、チームAIM、支社の仲間。

お世話になった方々の顔を思い出し、熱い感情がこみ上げてくる。皆様に感謝。

改めて、横で楽しげな母、緊張している父を連れてこられて、本当に諦めなくてよかったと思う。

そして我々の番が来た。

正面、右から妻の父、母、妻、私、私の母、父の順番で舞台に出る。

会場から大きな拍手と眩しいほどのスポットライトを浴びた。

6人合わせて高々と両手をあげ、一礼。

毎日、思い描いていたイメージが今、現実のものとなった。

社長からメダルを私に、妻には2Wのメダルがかけられた。

テーブルに戻るまでの間、昨年GGの部屋（GG＝表彰基準の1．5倍を達成した人はホテルのより高い階の良い部屋に宿泊する）からの眺めを見せてくれた遠藤エグゼから「おめでとう！」

GGの席からジャズ歌手のコンサートを見せてくれた山中エグゼから「おめでとう！」

結婚式の司会をしてくれた川野エグゼから「おめでとう！」

多くのライフプランナーからの祝福を受け、涙が出た。

ようやくテーブルに戻り、改めて家族から「おめでとう！」

カンパーイ！！

チームＡＩＭ／上原　謙信

《上原さんからのアドバイス》

Q　最近電話をかけるのがいやになるときがあるんですが…。

上原　私もうまくいかなかった頃は、電話が怖くてかけるのがおっくうでした。今は電話をする前に『今日はついてる』『今日は運がいい』『今日はワクワクしている』『感謝しています』と3回繰り返して言ってから電話します。そうすると不思議に力が湧いてきてアポがとれますから、良かったら真似してください。

第6章

あなたが成功しなくて日本の生命保険は誰が変える？

1 時代は超長生き時代に

あなたがこの世に生まれてきたのには理由があるはずです。偶然はありません。生命保険の営業をされているのも偶然ではありません。必然です。

毎年34兆円位のお金が生命保険や個人年金に投資されています。日本の税収は40兆円程度です。税収に匹敵するようなお金が本当に21世紀のお客様にお役に立つのか？

この図をご覧ください。今から約60年前の昭和22年は、男性１００人の赤ちゃんが生まれたら60歳でちょうど半分亡くなっていたのです。60歳までに半分の人が亡くなるのですから、今から10年をカバーする死亡保障を売っていればニーズを満たすことができたのかもしれません。60歳以降生きる人は少なかったので公的年金、健康保険、介護保障も国の制度で充分カバーできました。

さて、現在はどうなったか？

60 才以降生きる男性は 90% 以上

60 才生存率 昭和 22 年 50% →平成 21 年 91%

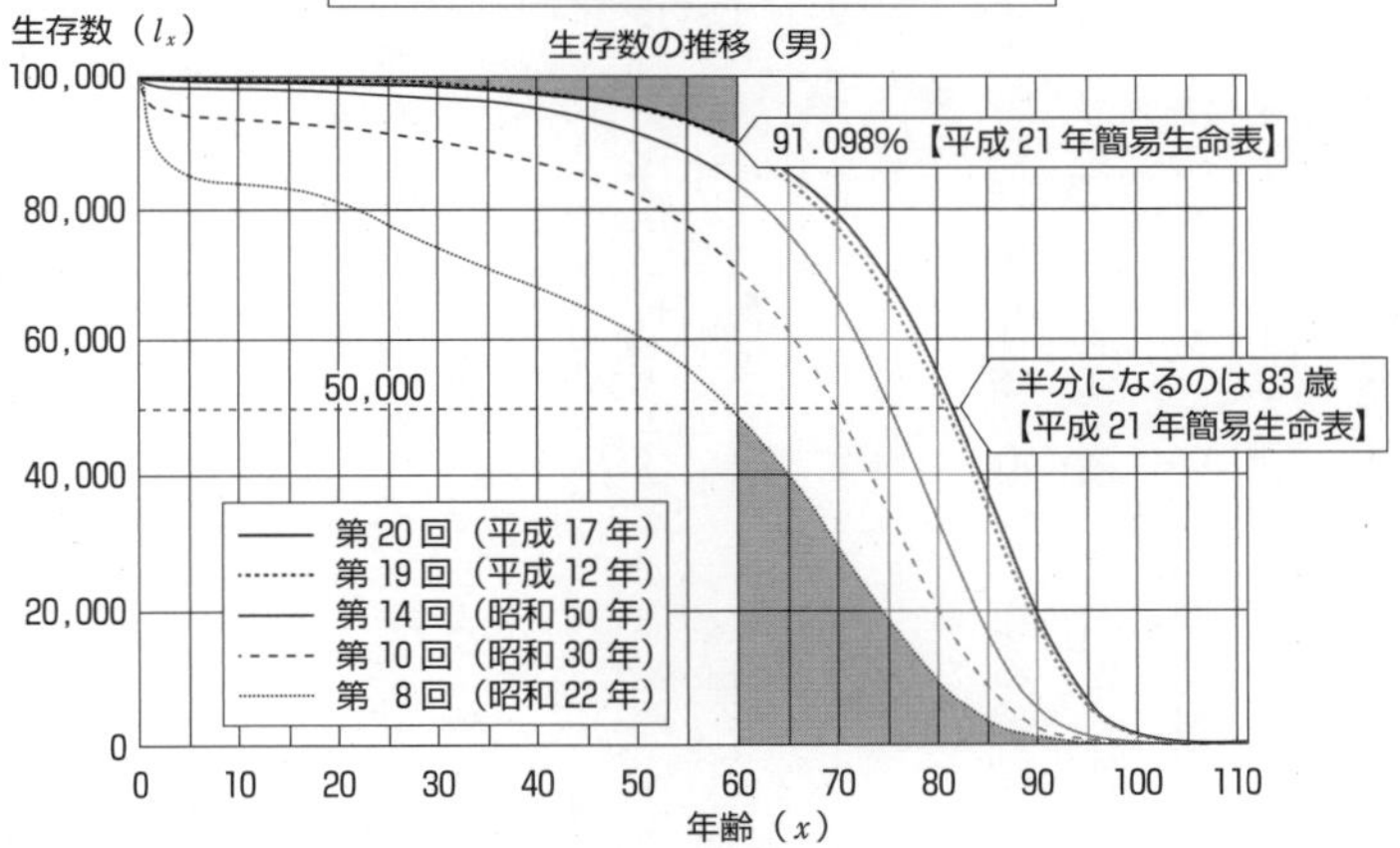

60 才以降生きる女性は 95% 以上

60 才生存率 昭和 22 年 55% →平成 21 年 95%

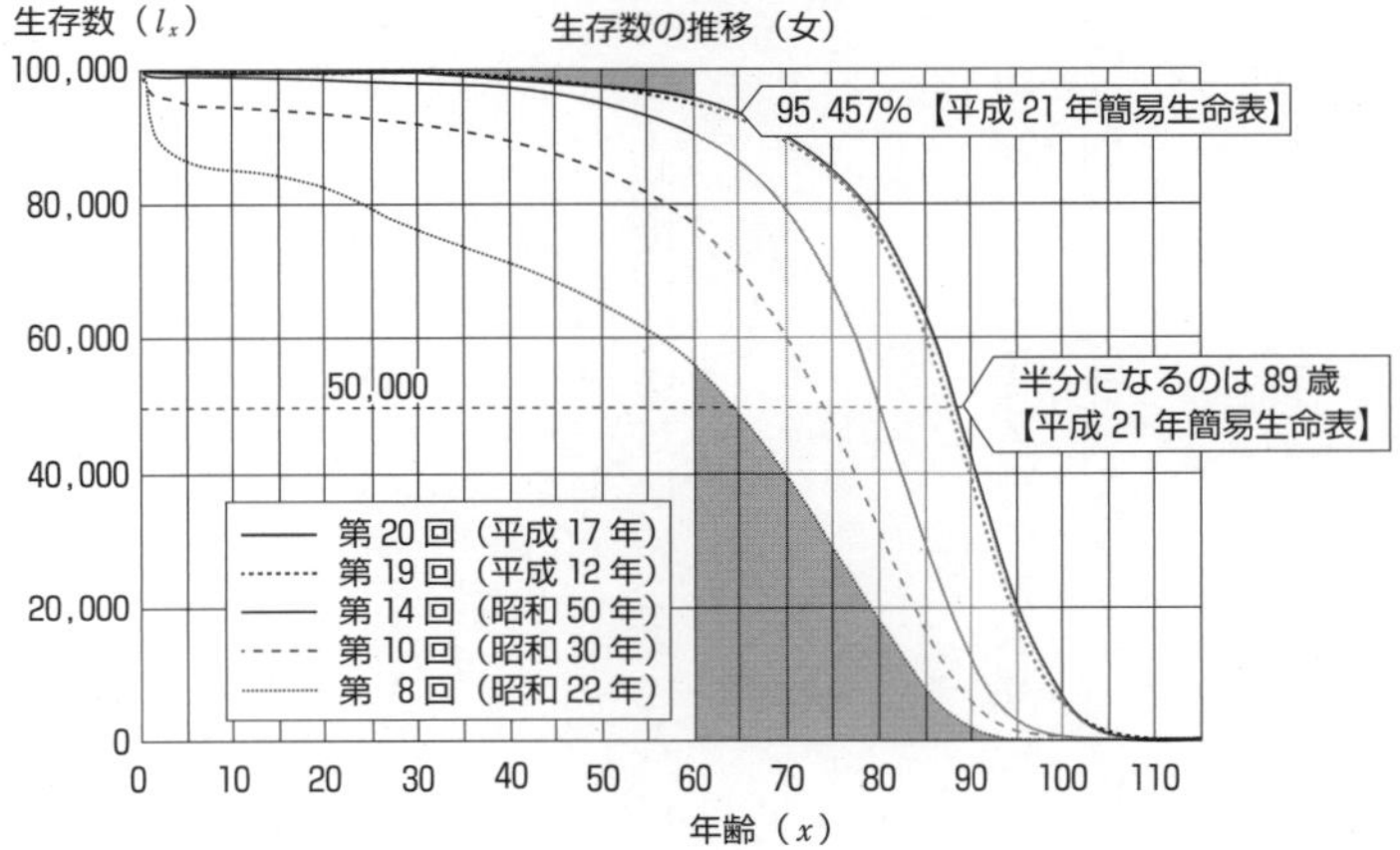

出典：厚生労働省第 20 回完全生命表

平成22年度の調査では男性１００人の赤ちゃんが60歳までに亡くなるのは９人です。女性はなんと５人弱です。男性は91人、女性は95人60歳以降も長生きします。彼らが半分になるのは何と（平均）男性83歳、女性は89歳になってからです。91人、95人が今と同じように年金や健康保険、介護保険を使ったらこの国はどうなるのでしょうか？　物理的に同じ保険料でこの制度を維持するのは非常に難しいと思います。大幅な増税や保険料アップはやむを得ないのではないでしょうか。

まず今の定年は60歳や65歳ではなく、生命表で考えれば男性は83歳になったと考えれば65歳以降も現役で仕事をするのは当然です。会社の定年制度が80歳以降になることは期待できませんが、これから21世紀に生きる日本人は70歳、80歳になっても現役で働く時代が来ています。

長生き時代は働く期間も長くなるのは当然です。その働き手を守る保険が本当に60歳手前で満期を迎えるもので良いとは思えません。保険の満期は保険会社が決めるのではなく、お客様が決めるべきだというのが私の信念です。

一方、銀行や郵便局に預けているゼロ金利の預金が６００兆円以上あります。この尊いお金がお客様の長生き人生に本当に役に立つのでしょうか？

このような皆が長生きできるすばらしい時代に生まれて、あなたが生命保険の仕事をしているのです。偶然ではなく、日本の生命保険と貯金の流れを変えるためにあなたは生まれてきたのだと思います。

ですから、あなたにはこの仕事で成功していただかなくてはなりません。

あなたが天から授かった才能を発揮して日本のために保険と貯金を変える必要があります。

生まれながらにして、あなたにはその力があるのです。まずは、潜在意識を積極化して強い味方にすること。これは誰でもできます。ただしいくつかのポイントがあります。それをこれから解説していきましょう。

2 暗示は頻度と強度を持ってすること

夜と朝の暗示はこれが最後と思って強く念じること。

そして昼間はいつもワクワクするイメージと積極的な言葉を繰り返し使うように心がけること。

「涓滴（けんてき）岩をも穿（うが）つ」

私の大好きな言葉です。涓滴とは雨だれのことです。雨だれでも何百年何千年とポタリポタリと繰り返し落ちていると固い岩石にも穴を開けるという意味です。この心の改造法を素直に受け入れたら、後は強度と頻度＝雨だれのごとく繰り返し繰り返し反復すればあなたの心は必ず積極化します。

3 反省はしないこと

暗示を忘れてしまったり、消極的なことを考えてしまったりしたことを反省しないでください。昨日できなかったら今からまた始めれば良いのです。決して自分を責めたりしないでください。

消極的なことを考えて心に闇がさしたときは、すぐに明かりをつければよいのです。つまりまたワクワクすること、楽しいことをイメージすれば良いのです。

こうしていつも積極的なイメージを描き、言葉にしていると、潜在意識は「ご主人様はお客様の役に立ち、ご主人様も豊かになることを望んでいるんだな」とそのまま受け取り、実在意識で頑張ろうとしなくても必要な能力、そして人脈までをも引き寄せてきます。

最初の章でも申し上げましたように、潜在意識は善悪を判断する能力は持ちません。実在意識がいつも思っていること、イメージしていること、言葉に出していることをそのまま受け入れてそのまま現実化させる手助けをします。

チームＡＩＭ東京の根本さんは、３回ＭＤＲＴ会員基準をクリアしたにもかかわらず、その後２年間資格を落としていました。その根本さんも２０１２年３月の春合宿でうれしい発表がありました。

「最近イメージトレーニングを毎日実行するようになって、俄然毎日が楽しくなってきています。なぜかアポイントの確率が上がり、成約率、単価とも右肩上がり。どんどん紹介も出るようになっています。もう来年のフィアデルフィアの大会に出席している映像がしっかりと見えます。今年の数字は絶好調です。やっぱり素直に信じて潜在意識を積極化すればいいんですね。いろいろご心配をおかけしましたが、もう絶対に数字は落とすことはありませんのでご安心ください」

なんと頼もしい発表でしょう。

4 自分への投資はし続けること

生保営業の世界では、サラリーマンの安定した身分を捨ててこの仕事に入った方が多いのではないでしょうか？　つまりリスクを取ってリターンを得る。もうあなたは事業家なのです。他の事業をやっている方も負債というリスクを取ってご自分のステージを上げようとしています。

我々の仕事は仕入れがありません。ですから仕事を始めるための負債は他の事業と違ってほとんどないはずです。ですからあなたもご自分のステージを上げる投資（＝夢の実現）は怠ってはいけません。ちょっと数字が上がらないからといって生活レベルを入ってくる収入に合わせてはならないのです。サラリーマンは会社の業績が悪く、給料が下がれば、その給料に生活を合わせなくてはなりません。

しかしあなたは事業家です。セルフイメージが下がるような消費活動は避けるべきです。つまり男性なら床屋は１０００円程度のところ、着るものはすべて格安チェーン店。背広も量販店。出張は夜行バスで宿泊はサウナ。自家用車は軽自動車。これでは毎日消極的な暗示を繰り返しているのと同じです。

何も、無駄な浪費をしてくださいという意味ではないのです。毎日一歩一歩進化を感じられるようワクワクとした生き方をしましょうよ。

「よし、今週も契約が取れたからシャツをオーダーしよう」

「今回の出張はグリーン車で行こう」

という生き方です。

「私はあんなブランドの洋服はいらない」

「車はベンツなんてとんでもない。走ればいいんだ」

こういう考えや言葉を繰り返していきますと、潜在意識はちゃんとご主人様のご希望通り質素というより貧乏な生活を実現させます。お気をつけください。ちょっとスランプがあるとこういう考えになりがちですが、原点に立ち返ってください。私はリスクを取って夢を実現するためにこの仕事を選んだのだと。

5 ビジネスクラスでマンネリ打破！

２０１１年のアトランタ大会に参加したチームＡＩＭの大西さんと上原さんは、初めてビジネスクラスで行きました。これは彼らにとってこれは有効な投資でした。１年間頑張ったご褒美を投資した結果、実際に自分のステージが上がったのです。翌年のＭＤＲＴの数字は半年で達成しています。

もちろん２０１２年のアナハイム大会もビジネスクラスです。

こういった考えはＭＤＲＴ会員の皆さんにもお勧めです。何回もＭＤＲＴの１倍は達成しているがマンネリ化していてもっと成長をしたい方。Court of the table（＝ＭＤＲＴの３倍）、Top of the table（＝６倍）を目指す方。ぜひビジネスクラスへの投資をされてはいかがでしょうか？　稼いだお金を全部ご自分で抱えていますと、次へのステップアップができませんよ。

ビジネスクラスで旅行をすると出発前は専用ラウンジで軽食や飲み物を好きなだけ取ってくつろぐことができます。はじめてビジネスラウンジに入ると利用する人たちの多さに驚くことでしょう。世界のエリート社員や小成功者達の集まりとも言えます。

一流会社社員の海外出張は当然ビジネスクラスです。これは収入のすべてを自由にできる我々と違って給料を１０００万円台に抑えて、その代わり、会社がビジネスクラス料金を負担しているわけです。あなたは高い価値の仕事をするのですから、ご自分で得た報酬の中からエリートにふさわしい投資するべきなのです。

「商人の道」　福沢諭吉

農民は連帯感で生きる
商人は孤独を生甲斐にしなければならぬ
おしならべて競争者である
農民は安定を求める
商人は不安定こそ利潤の源泉として喜ばねばならぬ
農民は安全を欲する
商人は冒険を望まねばならぬ

絶えず危険な世界を求めてそこに飛び込まぬ商人は
利子生活者であり隠居であるに過ぎぬ

さあ、もう一度近未来のあなたの達成したイメージをしてみましょう！

潜在意識は、うそと本当の区別もできません。ですから想像することをためらわないでください。今できていなくても達成したい未来を信じて、たとえ嘘つき（？）と言われてもイメージして言葉に出し続けましょう。すぐ先の未来のあなたへ向かって。

6 生命の力

今、うまくいっていないあなた
それは真実のあなたではありません
未来のあなたでもありません
幾億年の時空を超えて
引き継がれてきた命の力
あらゆる運命、病気を乗り越え生き抜いてきた強い命のリレー
あなたの強い命の力の真実が明かされる今
あなたの命が輝くのは今
すべての日本の生命保険を変える
すべてのお客様の幸せのため
あなたの命がすべての人の幸せのためにある

あなたは生まれながらに仕事にも健康にも恵まれる力がある
これが真実
さあ、あなたは今日から変わる。毎日イメージして声に出して読んでください

《真実の私》
私が今思っている私はこれからの私ではない
できなかった私は、過去の私
今思っている私がすべての私ではない。ほんの一部の私だ
本当の私の力は95%隠れていて使っていなかったのだ
だからこれから私が生命保険を変えるためにこの力を十分発揮する
私は偉大な力がある
私にはどんな困難も感謝と喜びに変えて乗り越える力がある
お客様を幸せにして、私と私の家族も幸せになる

《MDRT編》
私は偉大なコンサルタントだ

達成のイメージがはっきりと見える
今、私は空港のビジネスラウンジにいる
出発までの時間を楽しんでいる
ＭＤＲＴフィアデルフィア大会に出発するのだ
この一年間で私は飛躍した
お客様に感謝、家族に感謝、すべてに感謝
帰りにはニューヨークに４泊する
美術館めぐり
ソーホーで絵を買う
ブロードウェイでミュージカル
メッツ、ヤンキースの試合も見る
ニューヨークステーキ、すし、食べたいものは何でもある
夜はジャズクラブを満喫する
私は幸せだ。想像したことは何でも実現できる力がある

イメージ＋言葉にする＋
ワクワク＝実現です。
　いずれの日にかＭＤＲＴ
大会に一緒に行きましょう！
　あなたのウキウキ人生を
応援します。
　大丈夫、絶対売れる！

感謝　福地恵士

近代セールス社増渕さん、野崎出版部長に感謝します。尾身幸次理事長をはじめとする公益財団法人天風会の皆様に感謝します。

株式会社ＡＩＭ（エイム）●研修のご案内

「強い心の土台にスキルのビルを建てる」あなたも夢を実現するチームＡＩＭの仲間に入りませんか？

チームＡＩＭ（東京／大阪）では随時会員募集中！

ＭＤＲＴ会員になって毎年世界大会に出席するのが目標です。お客様を幸せに導き、あなたの中に眠る巨万の富を引き出す鍵とは？　それは心を徹底的に積極化することです。

土台である心の強化をしながら、伝える力＝「コミュニケーション能力」を磨いていきます。どの成功本にもモチベーション研修でも Positive Mind Attitude ＝積極的心構えの重要性は説かれて

います。しかし、実際に消極的な人、折れた心をどうやって積極化すれば良いのか具体的方法は教えていません。

福地恵士がPAC研修を開講してから10年経ちました。おかげさまで1600名以上の受講生がいます。しかし、この中から実際にMDRTメンバーになる人はやはりトップ5%くらいです。セールススキル、売り方、ノウハウの前にもっと大切なことがあるのではないか？　10年経過後にようやく強い心の形成が必要なことに気づきました。

2010年6月より具体的な心の立て直しの方法を中村天風哲学から取り入れています。

そして、コーチ福地が出した研修の最終形は、終身で面倒を見るということでした。

ですからAIMの研修は3日間研修で終わりではありません。

2011年夏合宿　於　富士研修所

〈AIMの研修のユニークなポイント〉

毎月のフォローアップ研修（会員制）でMDRTを目指します。現在、東京と大阪でフォローアップ研修制度があります。

全員がMDRT会員になる目標です。名付けてチームAIMです。チームAIM東京とチームAIM大阪が毎月活動をしています。

聴いてメモを取る研修も大切です。

でも名演奏を聴いて、そして観ても名演奏家にはなれませんね。素晴らしいプロのスウィングを見てもプロゴルファーにはなれません。どんなプロになるのでもあなたがコーチから直接レッスンを受け、たゆまず練習し続ける必要があるのです。

いつの間にか心が折れなくなる。そして人を動かすコミュニケーション能力を身につければ無限の財産です。この無限の財産を手に入れるために必要な投資をご検討されてはいかがでしょうか？　あなたの入門を心よりお待ちしております。

チームAIMのテーマは「楽しく成功する！」です。

パーフェクトアプローチコースPAC3日間研修
＋
毎月のフォローアップ一日研修
＋
夏・冬の合宿であなたも必ず自分の力を発揮できます。

株式会社 AIM（エイム）の事業

大丈夫、絶対売れる！
成功哲学が教えてくれない弱った心の立て直し方

2012 年 5 月 17 日　初版発行

著　者　福地　恵士
発行者　福地　健
発行所　株式会社近代セールス社
〒164-8640　東京都中野区中央 1-13-9
TEL 03-3366-5701　FAX 03-3366-2706
イラスト　跡部　禎子
装　丁　与儀　勝美
印　刷　株式会社木元省美堂
ISBN978-4-7650-1142-6　©2012　Keiji Fukuchi